誰にも負けない努力

仕事を伸ばすリーダーシップ

稲盛和夫[述]／稲盛ライブラリー[編]

PHP文庫

○本表紙図柄＝ロゼッタ・ストーン（大英博物館蔵）
○本表紙デザイン＋紋章＝上田晃郷

序

社会が大きく変化を遂げていく今は、「リーダー受難の時代」といえよう。

現代を生きるリーダーは、国籍はじめ多様化した経歴、価値観を持つメンバーで構成される組織のベクトル合わせに努めなければならない。また、社会のコンプライアンスへの高まりを受け、パワハラやセクハラに留意しながら、部下指導を果たさなければならない。さらには、働き方改革が叫ばれる中にあって、限られた時間の中で仕事をやりきることを教えていかなければならない。

そんなリーダーをとりまく環境変化の波に翻弄され、リーダー自身が変質してはならない。激変する時代であるからこそ、普遍的な判断基準を持ち、明確な指針を掲げ、組織に集うメンバーを目標へと導いていくことが求められている。しかし今、自らのリーダーシップに確信を持てないリーダーが増えていると聞く。

今こそ、リーダーとはどのような存在であるべきなのか、原点に立ち返り、そのあり方を根本から問い直すことが大切である。さらには、いかにリーダーシップを発揮していけばいいのか、実践的な指針が求められている。

本書は、ＰＨＰ研究所経営理念研究本部と京セラ稲盛ライブラリーによる「共同研究会」のたまものである。ＰＨＰ研究所は、松下幸之助氏の講話録をもとにした書籍を数多く世に送り出してこられた。稲盛ライブラリーのメンバーが、その経験と知見に学ぶことを目的に研究会が開催され、本書はその活動から生まれた。

二〇一〇年二月からおよそ四年間に、のべ二十七回の研究会が開催され、私の膨大な講話録を渉猟しながら、初級管理者から経営者まで、世のリーダーに伝えるべき素材の抽出に取り組んだ。さらには、その素材をできるだけ肉声に近い「リーダー読本」として編纂することに努めた。

本来、出版を企図しないものであったが、ＰＨＰ研究所の清水卓智社長から、「昨今のリーダーの未熟さが引き起こす企業や組織の不祥事を見るにつけ、これからの日本を背負う若い世代のリーダーに向け、述べられている哲学をきちんと伝えるべきではないか」と、上梓を強く促すお手紙を頂戴した。社内の話も含まれるが、悩める世のリーダーのお役に立つならと出版をお受けすることにした。

本書に収録した私の発言は、社内外の主にリーダーに向けてお話ししたものである。私は人前で話をするとき、空理空論でなく、自分自身が経営や人生の様々な課題と格闘する中で、肌身で感じたことを、魂から発した言葉でお伝えするよう努めてきた。

そんな私の生《なま》に近い言葉で綴られた本書が、読者の皆さんにとり、臨場感あふれる「リーダーシップ指南書」となれば幸いである。

二〇一〇年二月一日、私は二次破綻さえ危惧された日本航空の会長に就任し、再建に臨んだ。社員三万二千名の献身的な努力により、日本航空は二〇一二年に再上場を果たすことができたばかりか、世界有数の高収益航空会社へと生まれ変わることができた。

この日本航空の再生において、私は、経営幹部のみならず、パイロットやCA、また整備や地上職など、日本航空の各部門のリーダーに、本書で述べた考え方や姿勢の大切さを説き、意識改革を求めた。日本航空の各職場のリーダーたちの意識と行動が、善き方向へ変容したことを契機として、奇跡と呼ばれた日本航空の再生は成った。
今、現場の最前線で、組織の先頭に立ち、様々な課題に呻吟する現代のリーダーの皆さんにとっても、必ずやお役に立てるものと信じている。

本書のタイトルは、『誰にも負けない努力』とさせていただいた。「誰にも負けない努力」を重ねることは、私が自らの経営哲学である「京セラフィロソフィ」において、最も根幹に置いていることである。また、私の経営の要諦をまとめた「経営十二カ条」にも、また人生の要諦をまとめた「六つの精進」にも外すことができない項目として入れている。

何より私自身がこれまで歩んできた人生を、最も端的に表している。もともと類い希な能力など持ち合わせない私は、自らの八十有余年の人生において、ただこのことに努めてきたに過ぎない。

努力は誰もが行うが、中途半端に留まることが多い。高い目標を掲げ、その実現をめざすなら、並外れた、凄まじいまでの努力が求められる。ましてや激変する環境の中で、多くの人を束ね、困難を乗り越え、組織の成長発展をめざしていかなければならない現代のリーダーならば、その払うべき努力は、決して人並みのものではないはずだ。

本書を手に取られた、様々な組織で活躍するリーダーの皆さん、また次代を担うリーダー予備軍の皆さんが、率先垂範「誰にも負けない努力」で人生や仕事に臨まれ、組織に範を示されることを願ってやまない。また、そんな素晴らしいリーダーが輩出することで、それぞれの組織が活性化し、組織に集う多くの人々が、物心両面でさらに幸福になられることを祈念申し上げ、序文の結びとしたい。

二〇一八年十二月

京セラ名誉会長　稲盛和夫

誰にも負けない努力
仕事を伸ばすリーダーシップ

◉目次

第2章 努力を重ねる

第3章 強い意志を持つ

第4章 人格を高める

第5章 人を育てる

第8章　挑戦する

結び

第1章　思いは実現する

① 潜在意識に透徹するほどの強く持続した願望を持つ

あるべき姿、理想像を描く。具体的な目標を指し示す。その目標達成のために戦略・戦術的なシミュレーションを繰り返す。そうして次から次へと考え続けると、結果がはっきり見えてくる。うまくいった姿、目標に到達して、喜びにあふれている自分の姿が想像できるようになってくる。

素晴らしいリーダーというのは、その集団のあるべき姿を描ける人です。その集団の目標を描ける人です。日本の総理なら、日本という国のあるべき姿が描ける人です。あるべき姿というのは、理想の姿ということです。それを描けない人はリーダーとはいえません。

ここにお集まりの方々はそれぞれ職場のリーダーですから、自分の職場はどうあるべきか、自分の部下をどういうふうにリードしていくのかという理想像を明確に描ける人でなければなりません。それを描けない人はリーダーとはいえないわけです。

あるべき姿というのは理想像であり、同時に目標です。それも単に売上、利益といった単純な数値目標だけではありません。従業員のモラール（士気）、生活態度や、本年、来年、さらには長期の目標といったものがあるはずです。そういうあらゆる面について、あるべき姿、目標を持つことです。しかも抽象的でなく、実際に行動できるような具体的な目標を指し示すことが大切です。

次に、その目標を達成するための手段が必要になります。リーダーはそのように、目標を達成するためのあらゆる方法、手段を具体的に考え続ける人でなければなりません。具体的に考え続けるとはどういうことかといいますと、目標達成のために戦略的、戦術的にシミュレーションを続けるということです。

ただ一回考えるというものではありません。シミュレーションを繰り返すわけです。こうしてみよう、ああしてみよう、これはうまくいきそうにない、次はこういうふうにやってみようと、次から次へと考え続けるわけです。

考え続けていきますと、次第に結果が見えてきます。実際にはまだ実行に移していないのに、頭で考えているうちに結果がはっきり見えてくるのです。極端にいえば、達成を喜ぶ場面までが想像できるようになってきます。うまくいった姿、つまりあるべき姿、理想像、目標に到達して、喜びにあふれている自分の姿すら想像できるようになってくるわけです。

そこまでくると、実行することに対する確信のようなものが湧いてきます。必ずできるという、えもいわれぬ自信が湧いてくるのです。それが、私がいつも言っている「見えてくる」という状態です。

私は「潜在意識に透徹するほどの、強く持続した願望を持て」と言っていますが、それは今言った意味です。理想を追求するために考え続けていると、それが潜在意識に浸透し、実現に向かって自分を動かしていくという状態になるのです。

もう一つ、リーダーにとって大切なのは、自分がそこまでいくと同時に、自分の周囲にいる人たちに目標をはっきりと指し示し、自分がシミュレーションしたことを集団の全員に説明して、それが成功するのだということを信じ込ませる雰囲気をつくることです。つまり、リーダーだけがそう思っているのではなく、集団の中にいる全部の人たちが、それがまぎれもなく成功するのだと信じ込むところまで皆の雰囲気をつくり上げていくことが大事なのです。

成長発展している企業と低迷している企業との差というものは、そこにはっきりと出てきます。低迷している企業の場合は、どんな事業をやってもうまくいきそうにないと思っている従業員が大半です。スポーツの世界でも、強いチームはいつまでも強い。それは勝ち癖がついているからです。負けるとは思っていないのです。それは実績と、勝つと信じていることとの二つの理由からです。

もちろん、実績がなくては信じられませんが、実績に裏づけされ、自分たちは勝てるのだという自信を持ったチームは、断然強くなります。いつも負けているチームは、戦う前から今度も負けるのではないかと思っていますから、必ず負けてしまいます。勝ち癖がついているチームなのか、負け癖がついているチームなのかということが大事なのです。

［一九九一］

◆2 強い思いを持つ

思いというものは、たいへんな力を持っている。「どうしてもこの研究を成功させなければ」という熱意、情熱。そういう思いが蒸気みたいに出て、それが露になって落ちてきたときに、難しいものがパッと解けるのである。

こうありたいと強く思うと、そのとき、ものすごいエネルギーが出ると私は思います。思うというのは念であります。仏教では思念といい、思念が業《ごう》をつくるといいます。あなたの思いが業をつくる、つまり、思うということが偉大なエネルギーを発散するのだと思います。思い煩《わずら》うといいますが、恋に悩む、あるいは肉親が大病を患うといった場合、それを思うだけでげっそりやせてしまいます。思うというのは簡単なことではないのです。強く思うとか、魂を揺さぶられるとか、そういうときに、人間固有の最もすごいエネルギーが出るのではないかと思います。

日常でも、よこしまな心で念を持てばそういう念波が出るし、きれいな心できれいなことを思えば、そういう念波が出る。人に会ったときに、なんとなく好きだとか、いい人だとか思うのも、それは話をしたからとか人相とかではなく、その人が出している念波を受け取っているからだと思います。気が合うというのもそうでしょう。人間は、たいへんなエネルギーを出しているのでしょう。

なぜこういうことを言い出したのかといいますと、私が研究開発に携わり、発明、発見をしていく上で、そういう経験があるからです。私の専門分野で、私よりはるかに勉強し、理論も詳しい人はいくらでもいますが、一緒に研究していても最後のバリアは私しか打ち破れないということがあります。頭がよいだけではダメですし、ロジカルに知性だけを使えばよいということではない、何かがあるのです。その何かが非常に大きな力を持っているからこそ、人間は人によってできることが違うのです。私はそう思っています。

私はウチの研究員に昔から、「なんぼ頭がよいかしらんが、今の研究では絶対新しいものはできない」と言っています。「どうしてもこの研究を成功させないといかん」という熱意がないとダメなのです。この熱意こそが、大きな力を持った何かなのです。全社員が自分の研究成果を待ちこがれているのだから、どうしてもやらなければという熱意、情熱、そういう思いが蒸気みたいに出て、それが露になって落ちてくる。つまり、思いがいったん蒸発して滴《しずく》になって落ちてきたとき、難しいものがパッと解けると私は言っています。

そういう思いは、場合によっては、ラッキーを呼び込むとか、インスピレーション、霊感といったものを呼び込むこともできると思うのです。世の中で素晴らしい発明、発見をした人で、インスピレーションの力を借りなかった人は、一人もいないはずです。物事を研究、開発していく場合、最初は知識でいろいろ考えますが、必ず行き詰まります。次にどうすればよいかを考える中でイマジネーションが湧いてきます。しかし、それでもうまくいきません。悩み、悩み抜いて、どうしてもやらなければならないと思ったときに、いわゆる神の啓示、ひらめき、インスピレーション、霊感みたいなものが得られます。そういう人たちが、人のできないことを成し遂げたのです。

［一九八三］

◆3 大きな夢を描く

人間は、もうダメだと思うと、本当にダメになってしまう。そういうときに、大きな夢を描き、組織のメンタリティをガラッと変えることができてこそ、リーダーなのである。

私は先日、各販売店に集まっていただいて、「売上を倍増する」と言いました。皆さんが倍増という数字を、「軽く行きそうだ」と思っておられるのか、「これは難しいぞ」と思っておられるのか、その心の状態が問題です。とかく人間というのは、底辺をさまよっている、例えば売上がずっと伸びないでいると、なかなかそういう大きなことを信じられないものです。

だから皆さん自身が、「倍増くらい、この調子でやれば軽くやれるぞ」と思っておられると、必ずや達成できます。しかし、「これは難しいぞ」と思っていると、毎日毎日努力をしても、昨年に比べてものすごく売れるということはないと思います。ものすごく売れている営業所は、所長をはじめ一人ひとりが、「この調子で伸ばせば行けるぞ」と思っているのです。

一生懸命やっているつもりだけれども業績が伸びない、努力しているけれどもなかなか売上が増えないとすれば、「倍増なんて難しいぞ」と、少しでも思っておられるからです。

つまり、私が言いたいことは、リーダーである皆さんの精神構造そのものが変わらないことには、業績も絶対伸びないということです。もし二倍が難しいと思うなら、四倍という目標を掲げなさい。通常なら目標を下げるところを逆に上げることから、これを逆療法といいます。どうせ難しいのは一緒ですから。そうして四倍にチャレンジしていれば、半分くらいは行くでしょう。

笑いごとのように思えますけれども、人間の心理とは非常に微妙なものです。行けそうにないと思うと、絶対に行けないのです。二倍は行けないと思う人は、四倍としなさい。二倍くらい行けるはずだと思う人は、それでかまいません。だいたい二倍という数字がいまだかつてないわけですから、四倍とすればよい。

そういう大きなもの、大きな夢を描けてこそリーダーなのです。例えば、私の思いがしょぼくれていて、「今年、売上が二千億円行きましたよ。来年は五パーセントくらいアップして、少しずつ伸ばそうと思っています。なかなか難しいですからね」と言ったらどうでしょう。普通ならそれでかまわないかもしれませんが、経営ではダメです。「二千億円行った。次は一兆円だ」と吹くのです。

一兆円なんていうのは、気が遠くなるほど大きな金額です。しかし、そう思ってはいけません。この前、私が幹部を集めて「一兆円企業にしよう」と発表したときに、みんな「オー！」と驚いたように言うから、「何を、オー！」と言っているのだ。二千億円のたった五倍だ」と言いました。「たった」なのです。そう思うと、何か達成できそうな気がしてくる。やれそうな気がしてこなければ、絶対にやれないのです。

昨日も「別府大分毎日マラソン」がありました。ウチの陸上競技部の監督が出場しましたが、招待選手中、最高年齢の三十七歳でした。陸上競技部をつくって一生懸命指導をしているものの、なかなか若い者が育ってこないので、監督自らレースに出場しました。三〇キロ地点までトップ集団で走っていましたが、力尽きて八位でした。それでも二時間十四分台を出しています。

「（監督が）まだ走っている」とアナウンサーや解説者も驚いていました。彼は過去、「別府大分毎日マラソン」では二回優勝しています。普通なら三十二、三歳までで引退しますが、三十七歳なのに三回目の優勝を狙い、若い者に範を示すために走って、八位に入ってくれました。たいへんな努力です。

経営もこのマラソンと同じなのです。

折り返しを過ぎ、二五キロ、三〇キロ地点でみんなへばります。トップ集団についてきても、ズルズルと離されていきます。トップ集団で走っていた中から、一人抜け、二人抜けしていく。そして最後は残り二、三人になります。あの局面、二五キロ、三〇キロ地点で、「今日はわりと調子がいいぞ。これはついていけるぞ」と思うと、足が軽くなって追走できるそうです。「足がフラフラになってしまって、もうダメだ」と思うと、離されてしまいます。そうして後から追い上げてきた人たちに次々と抜かれてしまい、三〇キロ地点までトップ集団で走っていた選手が、ゴールに入ってみると、二十位ぐらいに落ちているという例がいくらでもあります。人間は、もうダメだと思うと、本当にダメになってしまいます。

つまり、二倍という売上目標にしても、皆さんがどう思うかが問題なのです。二倍ぐらい軽く行けると思っていると、その思いが部下にも浸透していきます。「二倍なんて到底無理だ」と思っている場合も、部下に伝わります。「そんなこと、できるわけないではないか」と思って部下がお客様を回るのですから、売れるわけがありません。

業績の悪い会社は、幹部からしてみんないじけています。いじけていると、大きな希望は持てません。業績が回復しても、わずかしか伸びません。ここで、「今まではそうだったかもしれないが、俺には百人力があるのだ」と、メンタリティをガラッと変えることです。

［一九八四］

4 「ど真剣」に考える

朝から晩まで、一日二十四時間、いつもどうにかして目標を達成したいと考える。そうしたリーダーの「ど真剣さ」が目標達成の鍵となる。

私は人生も仕事も、心に描いた通りになると考えています。ただし、その思いは、強烈なものでなければなりません。少しだけ思ってみたという程度では、決して思い描いた通りになるはずはありません。「なんとしてもこうありたい」という、強い意志に裏打ちされたものでなければならないのです。

とりわけ多くの人を預かるリーダーは、その集団を幸福へ導く責任があるだけに、一度目標を決めたなら、どんな困難があろうとも、決してあきらめることなく、目標を達成しようという執念にも似た強い意志が、体の奥底から湧き出てくるような人でなければならないはずです。

集団の将来は、このリーダーが持つ意志で決まるといってても過言ではありません。「こうありたい」というリーダーの意志がどれだけ強固なものであるかで、集団の目標が成就できるかどうかが決まるのです。

例えば、京セラの場合、それぞれのアメーバ（部門）において、今年は「これだけ売上を上げよう」というマスタープラン（一年間の基本経営計画）を決めたなら、どのような思わぬ障害があろうとも、それを必ず達成させるという、岩をもうがつような強い意志が必要です。

ところが、意志の弱いリーダーは、いったん目標を決めても、その後に景気が悪くなるなど思わぬ問題が生じると、それを克服するために誰にも負けない努力をするのではなく、それを口実として、目標を下方修正しようとします。

さらには、頻繁に下方修正するのはよくないからと、目標そのものを達成可能な低いレベルにしておこうと考えるようになってしまいます。そのような強い意志を持ち合わせないリーダーの下で、集団が発展できるはずがありません。

「どうしてもこうありたい」という強烈な願望、「なんとしてもやり遂げる」という強い責任感、さらには部下に夢を語り、全員を燃え立たせるような情熱を持って、必ず目標を達成させていくような人こそが、リーダーとなるべきなのです。

潜在意識に透徹するほどの強烈な願望を持って、目標の実現をひたすらめざしていく――朝から晩まで、一日二十四時間、毎日いつもどうにかして目標を達成したいと考えている、そのようなリーダーの「ど真剣さ」が、目標達成の鍵となるのです。

そうした「ど真剣さ」は、一体どこから出てくるのでしょうか。

私は、魂から直接発現してくるものであると考えています。心の奥底にある魂から発した叫びにも似た思い、それは「信念」というべきものですが、そのような「なんとしてもこの目標を達成しなければならない」という切羽詰まった思いが、リーダーに不可欠なのです。

そして、次にリーダーは、その目標と強い思いを、職場の全員で共有していかなければなりません。少し言ったくらいで、リーダーの思いが集団のメンバーに伝わるわけではありません。自分の思いがエネルギーとなってほとばしり、相手の思いの強さが自分と同じレベルに高まるまで、繰り返し繰り返し徹底して話し込むことが不可欠です。

　このような目標の遂行に向けて必要となる心構えについて、見事に表現した言葉があります。それは、私が尊敬する哲人、中村天風《てんぷう》さんの次のような言葉です。

「『新しき計画の成就は只《ただ》不屈不撓の一心にあり』と。かるが故に心に心して常に心に、気高き理想と高級なる想像とを強烈に抱かしめよ。（中略）さらばひたむきに、只想え、気高く、強く、一筋に」（中村天風『研心抄』財団法人天風会）

　この「新しき計画」とは、目標のこと、我々のマスタープランのことと解していただいて結構です。マスタープランの成就は、ただ一点「不屈不撓の一心」、どんなことがあろうとも、決してくじけない心にあるというわけです。

　また、そうであるだけに、常に自分に言い聞かせるようにして、さらには心にはいつも気高い理想と高邁なビジョンを、それも強烈に描く。つまり、マスタープランが達成できないのではないかというような疑念を払拭し、「こうありたい」という願望を心の中に抱き続ける。それも「気高く、強く、一筋に」思い続ける。そうすれば、目標を必ず達成できるのです。

そして、自ら立てた目標を達成することで得られる自信や充実感は、皆さんの人生をも、さらに素晴らしいものとしてくれるはずです。

人生も仕事も、その人の心に描いた通りになります。皆さんが強い意志を持ち、人生においても仕事においても、それぞれの目標を達成され、さらに素晴らしい企業となること、また皆さんがよりよい人生を送られることを心から願っています。

［二〇〇六］

5 純粋な心で願う

強く願望を抱いて頑張れば成功する。悪しき心でなく、美しい心で描いた願望であるほど、成功する確率は高くなる。そしてその美しい純粋な心で願う企業経営のあり方、それは必ず成功するのである。

とかく自分だけよければいいという我利我利亡者がいます。そういう利己的な、エゴの強い人でも、例えば俺は億万長者になりたいと強く願望を抱いて頑張れば、なれるのです。美しい心で描いた強い願望も、悪しき心で描いた強い願望も、全部成就するのです。ただし、悪い心で描いた願望は、成就しても持続しません。必ず、その悪しき心がもととなり破滅していきます。

たいていの人の願望というのは、自分だけよければいい、自分は金儲けをしたいというものです。経営者というのは、金儲けをしたいために事業をしているケースが大半です。しかし、従業員を持っていますから、心ある経営者は少なくとも自分だけが、とまでは思っていないはずです。自分の事業を立派にし、従業員を幸せにしてあげたいと思っています。その中で、自分も自分の家族も幸せになりたいと思っておられるはずです。

京セラをつくったとき、二十数人の従業員を新たに雇いました。そして、その人たちの将来にわたる生活の面倒をみなければならない、それが日本の企業形態だと知ったとき、私は「全従業員の物心両面の幸福を追求する」と、心に決めました。

一生懸命に頑張ろう。頑張って、その人たちが六十歳の定年まで勤めている間、みんながよかったと思えるようにしてあげようと思い、私は一生懸命に経営に取り組みました。一生懸命に経営に取り組めば、仕事は増えます。増えると、人を雇わなければなりません。二十数人を食わすのに一生懸命だったのが五十人に増え、今度はその五十人を食わせるために一生懸命に頑張りました。そうして頑張っているうちにだんだん事業が大きくなって、百人になり、千人になり、そしていつの間にやら三万人の面倒をみなければならなくなった。最初、二十数人の生活の面倒をみるのもできそうにないと思ったのに、気がつけば日本人だけでも一万五千人、外国人も一万五千人。会ったこともない人まで面倒をみなければならなくなってきたわけです。

「全従業員の物心両面の幸福を追求する」と決めた以上、不況でぐらつく会社であってはならん、財務内容のしっかりした会社にしなければいかん、そのためにはこうしよう、ああしようと思いました。こうした願望は、個人的な、利己的なものではありません。そこには利他があります。愛があります。みんなをよくしてあげたいという思いやりの心が働いています。そういう優しい、美しい心で描いた願望は、非常に強いものなのです。

自分だけ、自分の家族だけではなく、みんなが幸せになってほしい。従業員が幸せになってほしい。会社がうまくいけば、そういう思いやりの心、美しい心を持って、地域社会にも還元して、コミュニティの人たちも幸せになってほしい。世界には貧しい人たちがたくさんおられる。アフリカで飢餓にさらされている人たちもおられる。そのような人たちを少しでも助けてあげたい。だから私は安定した会社で財務的にも強い会社にしたいと思ってやってきたのです。

しかし一方で、そんなことはどうでもいい、他人を蹴っ飛ばそうと何だろうと自分だけ儲かればいいんだ。俺は贅沢をしたい。御殿みたいな家に住んで遊びたい。そのために、俺はお金が欲しいんだ。そういう悪しき心で願望を描く人もいるわけです。

このいずれの願望でも、成功はします。しかし、美しい心で描いたものほど成功する確率は高くなります。

今から三千年ぐらい前、インドにはたいへん素晴らしい精神文化が花咲いていました。その中に、ヴェーダ哲学というのがあります。もちろん、仏教が生まれる前のものですが、このヴェーダ哲学の中に、サンスクリット語で記された言葉があります。

「偉大な人物の行動の成功は、行動の手段によるよりもその心の純粋さによる」

偉大な、立派な人が行動を起こして物事を成功させたとしますと、それはその人の心の純粋さがさせたのだ、といっているわけです。ここでいう「純粋な心」とは美しい心という意味ですが、同時にヴェーダ哲学ではもっと深い意味を持っています。

例えば仏教では坐禅、インドのヴェーダではヨガ・瞑想、そういうもので我々のこの雑念妄念でいっぱいになった意識を鎮めていきます。すると意識は精妙な静かなものになっていきます。あたかも波一つ立っていない静寂な澄んだ大海のような、そういう意識になっていくといいます。それを過ぎ、さらに雑念妄念が離れていくと、今度は透明な美しい意識になります。さらに意識を深めていくと、仏教でいう「悟りの境地」、あるいは「三昧《ざんまい》の境地」になるといわれていきます。その境地に達したことのある仏教の高僧、またはヴェーダのヨガ・瞑想をする人たちは、えもいわれぬ幸せな感覚に包まれ、身体がうち震え、止めどなく涙が流れ出すといっています。この「三昧の境地」が、最も純粋な意識です。その意識こそ仏なのだといっています。仏教では「あなたにも、森羅万象あらゆるものに仏が宿っています」といいます。

肉体を持っている我々が考えることは雑念です。それをすべて払っていった先に、仏と同じような純粋な意識があるといっているわけです。それがヴェーダ哲学でいう「純粋さ」なのです。さらに、この意識のことをキリストは「愛」と表現しています。

つまり、そういう美しい、純粋な心で願う企業経営のあり方、それは必ず成功するのです。

［一九九三］

⑥美しい心で着手する

真我から発した、他によかれかしと願う美しい思いで着手し、誰にも負けない努力を重ねて取り組んでいることが、成功しないはずがない。

現在、日本航空（以下ＪＡＬ）の再建で東奔西走の日々を送っています。八月末（二〇一〇年）に更生計画を提出いたしました。これから再生の本番を迎え、今後、様々な試練も予想されますが、私は必ずＪＡＬ再生を果たすことができると信じています。

それはＪＡＬの再建をお引き受けした理由が、私の心の奥底にある、まさに「真我《しんが》」から発した思いに、端を発しているからです。その理由とは、次の三つでした。

一つは、ＪＡＬを二次破綻させては、あまりに日本経済に与える影響が大きい。日本経済再生のために、なんとしても再建を果たさなければならないということでした。

二つには、ＪＡＬの社員の雇用を守らなければならないということでした。再建のために、一部の希望退職者は募らざるをえないとしても、できる限りの雇用を確保し、その物心両面の幸福をはからなければならないということです。

三つには、国民のことを考えれば、日本の大手航空会社が一社でいいかということでした。正当な競争が行われ、競争原理が働く中でこそ、国民のためになるサービスが適正料金で行われるはずです。そのためにも、ＪＡＬの再建を果たしたいと考えた次第です。

すべて私自身の人生観である「世のため人のために」ということに端を発し、日本経済のため、ＪＡＬの社員のため、さらには日本国民のことを考え、会長に就任し、老骨にむち打ち、今懸命にその再建に努めています。

私は、このように、真我から発した、他によかれかしと願う美しい思いで着手し、誰にも負けない努力を重ねて取り組んでいることが成功しないはずがないと考えています。新聞報道などでは、ＪＡＬ再生を危惧する声もあるようですが、自らの思想、哲学、さらには私自身がこの人生において実際に経験したことからも、JALの再生を確信しています。

ここにお集まりの盛和塾（若手経営者の勉強会）塾生の皆さんも、ぜひ「心を高め、経営を伸ばす」ことに努められ、それぞれの企業を成長発展させていただきますことを切に願っています。それは、皆さんの企業の従業員の方々の幸福を実現するのみならず、日本経済の活性化、ひいては人類社会の発展にも貢献するはずです。

［二〇一〇］

⑦「神の加護」を受ける

「大義」のために、老骨にむち打ち、無報酬で全身全霊を傾けて再建に取り組んできた。社員たちも同じ思いになってくれ、再建に向けて懸命に取り組んでくれた。利他の心だけで、懸命な努力を捧げている姿を見て、神様、あるいは天が、哀れに思い、手を差し伸べてくれたのではないだろうか。

私は二〇一〇年に日本政府の要請を受けて日本航空の会長に就任しましたが、当初、日本のメディアでは、「航空運輸業には門外漢である稲盛さんが日本航空を再建するのは無謀ではないか。二次破綻は必至であろう」と評されました。

それから三年の歳月が経ったわけですが、日本航空の再建を無事に果たすことができました。再建初年度には千八百億円、二年目には二千億円を超える営業利益を上げ、昨年（二〇一二年）九月には再上場を果たしました。先月終了した二〇一三年三月期も、好業績を維持し続けています。これほど短期間で、破綻した会社が世界最高の収益性を誇る航空会社に生まれ変わったのです。

なぜ、誰もが想像できなかったほどまでに、日本航空は見事な再生を果たすことができたのか。私自身、夜、床《とこ》につくときにしみじみと考えることがあります。

このことを見事に表現している、二十世紀初頭のイギリスの啓蒙思想家であるジェームズ・アレンの次のような言葉があります。

「清らかな人間ほど、さまざまな面でより有能であり、それゆえに、目の前の目標も、人生の目的も、けがれた人間よりもはるかに容易に達成できる傾向にあります。けがれた人間が敗北を恐れて踏み込もうとしない場所にも、清らかな人間は平気で足を踏み入れ、いとも簡単に勝利を手にしてしまうことが少なくありません」（ジェームズ・アレン著、坂本貢一訳『「原因」と「結果」の法則③』サンマーク出版）

このように、ジェームズ・アレンが述べているように、まさに日本航空の再建は、純粋で清らかな心によって成し遂げられたことだと思うのです。

もちろん、私は日本航空に定着していた官僚主義を打破するために、責任体制を明確にするような組織改革にも努めましたし、採算意識の向上をはかるために、管理会計の仕組みも構築しました。そうした様々な改革が、再建に大きく寄与したことは確かです。

しかし、日本航空が劇的な再建を果たした真の要因は、「善きこと」をなそうという純粋で清らかな心にあったと思うのです。決して、私の能力だけによって成し遂げられたことではありません。

私は、日本経済を再生するため、日本航空に残る社員の雇用を守るため、利用者である日本国民の利便性をはかるためという、日本航空再建を引き受けた理由、いわば「大義」のために、老骨にむち打ち、無報酬で全身全霊を傾けて再建に取り組んできました。社員たちも、同じ思いになってくれ、再建に向けて懸命に取り組んでくれました。そのような「利他の心」だけで懸命な努力を捧げている私たちの姿を見て、神様、あるいは天が哀れに思い、手を差し伸べてくれたのではないだろうか。私には、そう思えてならないのです。そうした神の御加護なくして、あのような奇跡的な再建などできるはずがないと思うのです。

これは何も日本航空の再建だけではありません。今までの八十年ほどにわたる人生の中で、幾多のそうした経験をしてきただけに、自分自身の心を純粋で美しいものに変えていくことが、素晴らしい結果を導くとともに、人生の最大の目的だと私は思うようになっています。

［二〇一三］

第2章　努力を重ねる

8 誰にも負けない努力をする

経営と人生において成功したいのなら、一生懸命に働くことである。あのアスファルトの割れ目からなんとしても生きようと芽を出している雑草のように、必死に一生懸命に働く。それ以外に、成功の道はないのである。

企業経営をしていく中で一番大事なのは、「誰にも負けない努力をする」ことだろうと思います。言葉を換えれば、一生懸命に毎日働くということが会社経営で最も大事なことだと思っています。また、幸せに、素晴らしい人生を生きたいと思うならば、毎日真剣に働くことが大切です。つまり、素晴らしい企業経営をするにしても、素晴らしい人生を生きるにしても、誰にも負けない努力をする。このことを除いては、会社経営の成功も人生の成功もありえないと思っています。一生懸命に働くことを忌み嫌い、少しでもラクをしようと思うならば、会社経営はもちろんのこと、素晴らしい人生も得ることはできません。

極端にいえば、一生懸命に働きさえすれば、経営は順調にいくのだと思います。どんな不況がこようとも、どんな時代になろうとも、一生懸命に働きさえすれば、十分にそれらを乗り切っていけると思っています。経営をするには経営戦略が大事だ、経営戦術が大事だと一般にはいわれていますが、一生懸命に働くということ以外に成功する道はないと思っています。

振り返ってみれば、二十七歳で京セラという会社をつくっていただき、以来、経営の道へと入ったわけですが、経営のケの字も知らなかった私は、会社を潰してはいかん、私を支援して会社をつくっていただいた方々に迷惑をかけてはならんというただその一念で、必死になって働いてきました。朝早くから夜は一時、二時まで働いていました。それを連日のように繰り返し、誰にも負けない努力を重ねてきたわけです。

京セラは来年、創立五十周年を迎えます。考えてみますと、この五十年間、創業のときと同じように一生懸命に働き通してきました。そのことが今日の京セラをつくっているということを見ても、一生懸命に働くということ以上の経営のノウハウはないというのは、間違いのないことだと思っています。

思い出すのは、私の母方のおじのことです。満洲（現中国東北部）から裸一貫で戻り、終戦後、鹿児島で野菜の行商をしていました。おじは小学校を出ただけの人で、口の悪い親戚の者たちは、「あの人は学問もないし、知恵も足りないから、暑い日でも毎日大きな大八車《だいはちぐるま》を引いて、汗をたらしながら行商しているんだよ」と、いくらか軽蔑したように見ていました。

身体の小さなおじでした。そのおじが自分よりもはるかに大きな大八車に野菜を積み、暑い日も寒い日も行商をしているのを、幼い私はよく見ていました。

おそらくおじは、経営とか、商売とか、経理とか、そういうものはまったく知らなかったと思います。しかし、ただ一生懸命に働くということで、やがて大きな八百屋を経営するようになり、晩年まで素晴らしい経営を続けていきました。

学問がなかろうと何がなかろうと、黙々と働く。それが素晴らしい結果を招いていくのだということを、私は子供心に感じていました。

私がなぜ「一生懸命に働く」ということを強調するのかといいますと、この自然界はすべて一生懸命に生きるということが前提になっているからです。少しお金ができたり、会社がうまくいくと、少しはラクをしようという不埒《ふらち》な考えをするのは、我々人間だけなのです。自然界にそういうものは決してありません。自然界に生きている動植物はすべて、必死に、一生懸命に生きています。そういうことを見ても、毎日毎日を真剣に、ど真剣に、一生懸命に働くということが、我々人間にとって最低限必要なことではないかと思うのです。

夏の日照りの中で、道路のアスファルトの割れ目から雑草が芽を出していることがあります。おそらく一週間も日照りが続けば枯れてしまうような、あまり水分もない、土もないようなところです。自然界ではそういうたいへん過酷な環境の中でも、種が舞い落ちれば、そこで芽を出し、葉を広げ、雨が降ったときに精一杯の炭酸同化作用（光合成）をし、葉を太らせ、そして花を咲かせ実をつけて、短い一生を終えます。また、石垣の隙間、土のない石と石の間であっても雑草が芽を出し、花を咲かせるのを、我々は目にします。

さらには、あの過酷な熱砂の砂漠にも、年に何回か雨が降るそうですが、雨が降った直後、たちまちにして芽を出し、葉を広げ、花を咲かせて実をつけ、わずか数週間で枯れていく。砂漠の中で精一杯に生き、子孫を残すために花を咲かせ、実をつけ、その実を地表へと落とす。そうしてわずか数週間の一生を終えていく。しかし、また来年、いつの日にか雨が降ったときに発芽する。

過酷な条件の中で、植物も動物も、みんなひたむきに必死で生きています。いい加減に、怠けて生きている動植物はありません。その自然界のさまを見ても分かるように、地球上に住んでいる我々人間も真面目に、一生懸命に生きることが最低条件であろうと思うのです。

創業当時の私は、そういうことなど知りません。知らないながらも、一生懸命に働かなければ、一生懸命に努力をしなければ、会社の経営はうまくいかないのだろうという恐怖心を抱いていました。その恐怖心から一生懸命頑張ってきたわけですが、今日振り返ってみて、それは決して間違いではなかったと思っています。どんな不況がこようとも、どんな厳しい環境がこようとも、人一倍努力をしていくということが最低条件なのだということを、私は今でも固く信じています。

いろんな人に「一生懸命に働いていますか」と聞くと、「ええ、働いていますよ」と返ってきます。これではいかん、伝わっていないと思ったので、私は「誰にも負けない努力をしていますか」「誰にも負けないような働きをしています」と聞くようにしています。あなたは自分では働いていると言っているけれども、そんな働きではナマなことです。もっと真面目に、もっと一生懸命に働かなければ、会社でも人生でもうまくいきませんよ。そういう意味で、私は「誰にも負けない努力をする」という表現をしているわけです。

一生懸命に働く、誰にも負けない努力をするのは、自然界に生きているものの当然の義務だと、私は思っています。その義務から逃れることはできません。

〔二〇〇八〕

9 仕事を好きになる

努力をして仕事を好きになる。本当に好きになったら、「誰にも負けない努力」ができる。そうして一生懸命に働く中で、創意工夫して仕事を進めるようになり、やがては素晴らしい成果ももたらされる。また、自分の魂を磨き、美しい心をつくっていくことにもなる。

一生懸命に働くということ、苦もなく苦しいことを連日続けていくには、今自分がやっている仕事、自分が毎日やっていることを好きになることだと思います。好きなことであれば、いくらでも頑張ることができます。好きになり、今やっている仕事に惚れ込んでしまえば、はたからは「あんなに苦労して、あんなに頑張ってたいへんだろう」と思えることも、本人は好きでやっているのですから、なんともないのです。

　私は若い頃からそういうふうに思って、自分がしている仕事を好きになろうと努力しました。私は大学を出たものの、どこにも就職ができなくて、先生のお世話で焼き物の会社に入れていただきました。もともと興味を持っていたわけではない焼き物の世界は、私はあまり好きではありませんでした。しかも、入れていただいたところは、毎月給料日に給料が出ず、遅れて出てくるという会社でした。そのために、私は不満を持っていました。

　しかし、不満たらたらで研究開発をしても、うまくいくはずがありません。ですから私は、この仕事を好きになろうと自分で思いました。好きにならなければ、打ち込んで研究もできないと考えたからです。

　ちょうどその頃です。恋心が芽生えていた私は、「惚れて通えば千里も一里」という言葉を知りました。惚れた人に会いに行こうと思えば、千里の道も一里にしか思えない。どんなに疲れていても、あの人に会いに行こうと思えば、千里の道のりであっても、なんとも思わずに歩いていける。それが「惚れて通えば千里も一里」です。

　確かに好きになり、惚れてしまえば、どんな苦労も苦労とは思わなくなる。そういうふうに私は自分で思うようにし、自分の仕事、研究を好きになろうと努力したのです。

好きな仕事についている人は結構です。しかし、好きな仕事につけるという幸運な人は、そうはいないはずです。生活のために、その仕事をしているというのが普通だと思います。ならば、その仕事を好きになる努力をするということが必要です。好きになる努力をして、本当に好きになったら、あとはしめたものです。誰にも負けない努力が簡単にできるはずです。「あんなに朝早くから夜遅くまで頑張っていて、身体を壊しやしないだろうか」とみんなが思うようなことも、平気でやってのけられるはずです。

成功にはいろんな方法があるといわれていますが、「一生懸命に働く」ということを除いて、成功はありえないと思っています。この厳しい経営環境の中で、さらには不景気がくると思われるような環境の中で頑張っていくには、この「一生懸命に働く」ということが必要ではないかと思っています。

一生懸命に働く、真面目に仕事に打ち込んでいくということには、もう一つの効用があります。毎日、自分の仕事に打ち込み、一生懸命に仕事をしていけば、漫然と仕事をするということはありません。自分の仕事が好きになり、一生懸命に仕事をすれば、少しでもよい方向へ仕事を進めていきたい、もっとよい方法はなかろうか、もっと能率が上がる方法はなかろうかと、普通の人でも考えるようになります。毎日を漠然と、ただ無駄に働く人はいないはずです。

一生懸命に働きながら、もっとよい方向に仕事を進めたい、もっとよい方法はなかろうかと考えていけば、創意工夫の毎日になっていきます。今日よりは明日、明日よりは明後日と、自分で工夫して仕事をしていくようになるわけです。そして、仕事に打ち込みながら、そういうことにいろいろと考えを巡らせていけば、素晴らしいひらめき、ヒントも得られるようになります。

私は自分のことを決して能力のある人間だとは思いませんでしたが、毎日必死で仕事をしながら、今日よりは明日、明日よりは明後日と仕事に工夫を加え、もっとよい方向に仕事を進めることはできないだろうか、例えば販売を増やしていくためにもっとよい売り方はなかろうか、もっとよい製造の方法はなかろうかと考えていました。それが、自分でも想像できないような素晴らしい成長発展を会社にもたらしてくれたのです。京セラが新しい製品を開発できたのも、新しい市場を開拓していったのも、そういうことを常に考えて努力をした結果です。

一生懸命に働くということがなければ、そういうひらめきも生まれてきません。生半可な、グウタラな仕事をしながら、何かよい方法はなかろうかと思っても、素晴らしい着想というものは出てきません。苦労し、行き詰まり、必死になって考えているから、神様がひたむきなその努力をかわいそうに思い、新しいヒントを与えてくれる。私はそういうふうに思っています。

真摯で、真面目で、一途な努力、そして一生懸命に考えているさまを見て、神様はボンクラな私に対してひらめき、知恵、啓示を与えてくれたのではないかと思っています。自分では得られないような素晴らしい知恵を与えてくれるのも、一生懸命に働いている結果だと思うのです。

世の中で偉大な発明、発見をした人、新製品を開発したり、新技術を開発した人たちの生きざまを見てみると、すべての人が誰にも負けない努力をしています。ナマクラな仕事をして、成功した人、素晴らしい発明、発見をした人は一人もいません。そういう点でも、一生懸命誰にも負けない努力をすることは、素晴らしい成果をもたらしてくれるのだと思っています。

さらにもう一つ大事なことがあります。

朝早くから夜遅くまで一生懸命に働けば、暇がありません。「小人閑居《しょうじんかんきょ》して不善を為す」というように、人間というものは、暇があればろくなことを考えないし、ろくなことをしません。忙しいということ、一生懸命に働くということは、よけいなことを考える暇がないということです。

禅宗のお坊さんや修験道の山伏は、荒行をしながら自分の魂を磨いていきます。一点に集中し、雑念妄念が湧いてくる間がないくらいに修行をして、心を整理し、心を磨き、純粋な素晴らしい人間性、人格を形成していきます。その過程と同じように、一生懸命に働けば、雑念妄念を浮かべる暇がありません。つまり、一生懸命に働くということは人間の魂を磨くことにもつながっていくわけです。

私は皆さんに「魂を磨いていけば、そこには利他の心が生まれてくる」と説いています。よき心、思いやりのある優しい慈悲の心が芽生えてきます。そういうよき思いを心に抱く、つまり世のため人のためになるようなよきことを思い、実行すれば、必ず運命はよい方向へと変わっていくということも、私は皆さんに説いてきました。会社の仕事にただ一途に打ち込んで働くだけでも、自分の魂を磨き、美しい心をつくっていくことになっていくわけです。

美しい心ができさえすれば、自然によき思いを抱き、よきことを実行するようになります。自分にどのような運命が授かっているのかはわかりませんが、そうした思い、実践はその運命をさらによい方向へと変えていく力になっていきます。

「誰にも負けない努力をする」「一生懸命に働く」ということは、経営をするにしても、立派な人生を生きていくにしても、「これしかない」というほど不可欠なものなのです。

［二〇〇八］

⑩ さらに努力を重ねる

会社経営がうまくいくというのは、あたかもヘリコプターが地上から浮いて、重力に反して上がっていっているようなものだ。一生懸命、常にプロペラを回していなければ下へ落ちてゼロになる。それが自然の摂理である。だからこそ必死に漕ぎ続ける以外にないのである。

創業当時は、とにかく経営というものがわかっていませんし、会社をどういうふうに運営していけば、従業員が安心して働ける環境をつくってあげられるのかもわかっていませんでした。ただもう必死で働くという、それしかなかったんですが、売上が上がり、初年度から利益が出て、二年、三年と安定していったんです。

それでも、次から次へと新しいこと、例えば研究開発や技術開発、製品開発などにチャレンジしていったのは、安心するということが、私の哲学といいますか、考えの中にはなかったと思うんですね。

その頃私は、次のようにイメージしていました。会社が安定しているという状態は、ちょうどヘリコプターが空中に浮いているみたいなものだ。また、会社経営がうまくいく、売上が伸びるというのは、ヘリコプターが地上から浮いて、重力に反して上へ上がっている状態であると。

ですから、一生懸命エンジンを動かしてプロペラを回転させなければ、ヘリコプターは空中にとどまったり、さらに上へ上がっていかないわけです。会社が安定して利益が出るようになると、そこでほっこりして、「これで安定した」と思って努力を怠るようになります。しかし、常にプロペラを回していなければ、下へ落ちていってまたゼロに戻ってしまう。それは自然の摂理、自然の理です。だから空中に浮いているだけでも、相当エンジンをかけなきゃならない。それを私はたとえて言うなら、自転車を改造したような人力で飛ぶヘリコプターに乗っていて、エンジンじゃなしに、自分が一生懸命漕いでプロペラを回している姿を想像したのです。

安定というのは、宙に浮いて、上にも上がらないし下にも下がらないということで、どのくらい漕いだらプロペラが回って、そういう微妙な状態でとどまっていられるかというのはわからないわけです。ですから、とにかく下に落ちないように、安定すればするほど下に落ちないようにと思って漕げば、上へ上がっていくかもしれません。逆に、もうこれでいいと思って漕ぐのをやめれば、下に下がっていくことになります。下がっていったんじゃ、会社をダメにしてしまいますから、どうしても漕がなきゃならん。漕いだ結果が、自然に上へ上がっていったということです。

会社が安定し、よくなっても、さらに努力をしたのは、私にしてみれば会社を立派に運営せにゃならんという危機感が常にあったからです。どの程度働けば、どの程度一生懸命やれば、その安定した状態でとどまっていられるのかということがわからないものですから、必死で漕ぎ続ける以外にないと思ったんですね。

今考えてみると幼稚な考え方でしたけれども、それは非常に正しかったんだと思います。というのは、賢い人は皆、ここまで成功したと。だから、この程度でいいんだと思って力を抜かれる。地面から重力に逆らってここまで上がってきた。ここまで来たんだからもう安心だといって力を抜かれるものだから、じりじりと下がっていく。下がっていってもまだ十分安定していると思うから、だんだんダメになってしまって倒産するということも起こってくる。そういう慢心が、成功した人が失敗していかれるもとだと思うんです。

私は貧乏性というか、常に危機感があって、必死で漕いでやっと宙にとどまっていられるんだと思って一生懸命漕いだ。その結果、どんどん上がっていったというだけのことです。「これでいい」と安心する気持ちにはなれなかった。もっと会社を立派にするためには、もっと安定させるためにはと考えて、いろんなことを創意工夫して仕事に精魂を込めたという、そういうことだと思います。

［二〇〇八］

第3章　強い意志を持つ

⑪自らの道は自ら切りひらく

困難なとき、ともするとつい愚痴が出そうなとき、弱音が出そうなときに自分自身を励まし、勇気づけることができる人、決して愚痴をこぼさない人、困難であればあるほど未来に向かって明るく希望を燃やし、その希望に向かってどんな不利な条件の中でも努力を怠らない人、そういう人は必ず成功する。

人間が仕事をし、運命を切りひらいていくのには、新しい目標を掲げ、それに対して努力をするしかない。創意工夫を凝らしながら、営々と、毎日一歩一歩努力をしていくしかないのです。

努力というのは、ただガムシャラに働くことではなく、自分の描いた目標を達成するためにはどういう方法があるのか、どういうことをやればいいのかを一生懸命考えることです。すると、いい方法が浮かんできます。いい方法が浮かんでくると、ただちに実行に移します。実行に移すと、たいていは思った通りにうまくはいきません。そうすると、さらに考えるわけです。考えては実行に移し、実行に移してはさらに考えるということを繰り返していくと、思考力は素晴らしく飛躍、発展していきます。そして実行力はさらに増していきます。そうしていけば、目標は必ず達成できるのです。

大事なのは、そこに至るまでのことです。試行錯誤している間には、ときにたいへんな困難に遭遇します。にっちもさっちもいかないというような状況に陥ることがあります。そのときに普通の人は、心が弱く、精神が弱いために、「もうダメではないか」「こんな努力をしても無駄ではないか」と、ふと思うわけです。

また周囲を見てみると、努力をしたにもかかわらず、失敗した例がいくらでもあります。「俺もああいうふうになるのではないか」「こんなことを進めていて本当にうまくいくのだろうか」という不安が頭をもたげてきます。そういうふうに心に迷いが生ずるのです。

それを吹っ切って、決してそんなことはないはずだと。これほど創意工夫を重ね、考え抜き、人の二倍も三倍も努力して、それが失敗するはずがないと。今は困難に遭遇し、不利な状況に追い込まれているけれど、これは神が与えた試練であって、必ず突破できると自分自身を励まし、自分自身を勇気づけることが大事です。それが「セルフモチベーション（自己動機づけ）」といわれるものです。

困難に遭遇したときに、自分自身を励まし、勇気づけるという作業が要るのです。つまり、自分の魂が伝える意志の力、今ある自分とは違う自分、そういうものの力を借りて自分をエンカレッジ（勇気づけ）し、モチベートするのです。そんなことを思ってはダメだということを、もう一人の自分に言わせるということです。

そのように、困難なとき、ともするとつい愚痴が出そうなとき、弱音が出そうなときに自分自身を励まし、勇気づけることができる人、決して愚痴をこぼさない人、困難であればあるほど未来に向かって明るく希望を燃やし、その希望に向かってどんな不利な条件の中でも努力を怠らない人、そういう人は必ず成功します。つまり、この目標を達成しよう、自分の人生はこうありたいという願望を持ち続け、そうした勇気づけ、動機づけを続ければ、潜在意識が働いて素晴らしい結果を招くのです。

最近でも思いますが、社員と話をしたり、仕事の結果などを見ていますと、まさにその人の心の動きがそのまま結果につながっています。

みんな晴れ晴れと気持ちよく希望に燃えてやっているときは、仕事がうまくいきます。問題は困難に遭遇したときです。心に迷いが生じ、愚痴が出て、このまま努力してもうまくいかないのではないかという不安が芽生えたり、今まで努力してきたことに疑問を感じたりしますと、その心の動きがそのまま、その人の仕事における結果につながっているように思います。

つまり、結果は他に求めるものではなく、自らの心に求めるべきだと思っています。

［一九八二］

12 まっすぐに目標をめざす

自分の登りたい「山」が険しく、きついものだからといって迂回していては、その「頂」にたどりつくことができない。だからこそ、恐れずに、より垂直に登攀していきたいものである。

世界一になろうと思うなら、それに合うような哲学が要るはずです。例えば、世界一になるためには、どのくらい努力をしなきゃならんのか。それはもう気が遠くなるような凄まじい努力をしなきゃ、世界一になんかなれるわけがないんです。

私が前の会社（松風《しょうふう》工業）で研究していた頃、ふん詰まったり、苦しんでのたうち回ったりしたときに、実験ノートにその困ってのたうち回る自分の心境を書いたものがあるんです。もう苦しんで苦しんで、そのときにあるひらめきといいますか、一条の光を見出して、それで救われたみたいになり、夜中に飛び起きて、また研究するというようなことをやっていました。そういうときの心境がずっと書かれています。

それは、「世界一になろうと思うなら、こういう生き方、心構え、考え方をしなきゃならんではないか」というようなことをまとめたものです。のちにそれらを全部整理して、まとめたものが「京セラフィロソフィ」です。

今では小さな冊子になって、全社員が持っており、私が時間をかけて講義をした講義録もあります。会社の目的、意義、また会社がめざすべき目標がそこには示されています。

京セラはどこへ行くのか。どこをめざしていくのかということです。つまり、「どの山へ登るのか」ということをまずは決めなくちゃならん。ワンダーフォーゲル部のように、近所の小高い丘にハイキング気分で登っていくのと、世界最高の、それも冬山に登っていこうというのとでは、装備も違うだろうし、トレーニングも違う。考え方自体が違うわけです。

近所の小高い丘にハイキングに行くような考え方、また心構えでもって、「世界一になろう」なんてことを言ったって意味がないわけですから、「どの山に登ろうとするか」をまず皆で考えようやないかと。そして、「おい、みんな、世界一の山へ登ろうやないか。その代わり、きついぞ」ということを皆に言って、「そういう世界一の山に登ろうと思えば、こういう心構えでなけりゃいかんぞ」というようなことを説いていったんです。

ですから、ベンチャーや中小・中堅企業で、ちょっとした上場をしたら、それを成功と見るのか。それとも世界一の会社をめざすのか。つまりどういう会社にしたいと思うのかということが、まず最初に要るわけです。

昭和三十四年四月一日に京セラが始まるんですが、会社をつくってもらって「世界一の山に登ろう」と皆に話したときのことを思い出します。

そのときに、どうも私が人生でやりたいと思うことは、ものすごく峻険《しゅんけん》な山を登ろうとしているようなものだ。前の会社で研究をしているときも、自分の身のほども考えないで、登れそうにもない山に登ろうとしているような気がしたんですが、私は垂直に聳《そび》え立つ岩壁にとりついて、ロッククライミングみたいにしてよじ登っていく自分の姿を想像していました。そして、部下の連中にも「ついてこい」と言って登っていく。

ところが、手を滑らせたら、足を踏み外したら、千尋《せんじん》の谷へまっさかさまに落ちていきそうだというんで、皆もう手が硬直し、足がすくみ、恐怖におびえる。「もうついていけません」と言って「やめたい」と言う人もいる。「やめたいと言うならもういい」と言って私は登っていく。

その一方で、「あなたのそういう厳しい生き方にはついていけないからやめたい」という声に対して、別の私が私にこう言うのです。

「みんながそう思っているのであれば、何もここに山があるからといって、垂直登攀《とうはん》で登っていく必要はないんじゃないか。ロッククライミングの技術もないくせに、ただ素手でもって岩場にとりついて、登ろう登ろうとしてみたって、それはもう無駄な努力であって、多くの人もついてはこれない。またついてきたとしても、おそらく途中でみんなが、そしておまえ自身が落ちて死ぬかもしれない。それなら、もっと迂回して、裾のほうから徐々に徐々に高度を上げてゆっくり登っていく方法だってあるじゃないか。そうすべきだ」と別の私が私に言うんです。

しかし、そのとき私は、「いや、その方法は俺はとらん。それは悪魔のささやきだ」と思ったんです。

皆そういうふうに妥協してしまう。初めは高い峻険な山に登っていくつもりでいても、垂直に登っていくのは不可能だということで、徐々に登っていこうとする。ところが、迂回して登っているうちに、頂《いただき》が見えなくなってしまう。つまり、山を少しずつ登り、まだ五合目にも達していないうちにあきらめてしまう。

例えば、人生になぞらえれば、もはや七十歳になってしまった。それで結局は、自分が望んだ頂とはまったく違うところをまだウロウロしている。そのときに、「それもしようがないではないか。俺は一生懸命やったんだ」と自分に言い聞かせる。つまり、ゆっくりゆっくり斜めに登っていくということは、世間に妥協して、いや、世間にだけじゃなく、自分自身にも妥協をして、それが正しいんだと言い聞かせて登っていって、結局は当初の目的の何分の一も達しないままに一生を終わってしまう。たぶん、皆そうなっているはずだ。

だから、どうせそうなるんだったら、ロッククライミングも知らないけれども、岩場にとりついて、誰もついてこない、自分も墜落死するかもしれない、それでもかまわんから、たった一回しかない人生、その人生の証を立てるために、たとえどんなに危険であっても俺は登っていこう。そう決めたときに、あまりにもきつい登攀をやっていくんで、「稲盛和夫の技術を世に問うために」と言って協力をし、一緒に前の会社を辞めて京セラをつくってくれた、あの七人の仲間たちも、おそらく一人もついてこないかもしれない、と思った。

会社が始まる前の十二月に前の会社を辞めることを決めて、自分一人でそういう冒険をするのが怖いもんですから、家内に、「おい、結婚してくれんか」と頼んだのです。家内も一緒についてくるんなら、ちょっとぐらいはラクになると思って、まだ会社が成功するどころか、始まりもせんうちに、結婚を申し込んで結婚式を挙げました。そのときに家内に、「皆ついてこなくなっても、力にはならんかもしらんが、おまえだけは俺の尻を押してくれよ」と言ったんです。それは殺し文句として言ったんじゃありません。誰もついてこないかもしれない。そのことが本当に自分で怖くて怖くて、そのときに、「おまえだけは俺を信じて、俺の尻を押してくれよ」と言ったんです。

どういう山に登るのか、つまり、こういう事業で、こういうアイデアでもって、こういう会社を始めようと思うけど、この会社はどこへ向かって行くのかということを決めなければなりません。それによって、持つべき考え方が決まります。世界一の山をめざすのなら、生半可な考え方、生半可な心構えでは登っていけやしません。それに合うような装備、すなわち哲学を持たなければならないのです。これは非常に大事なことです。

［二〇〇二］

⑬困難に真正面から取り組む

卑怯な振る舞いのある人、言い訳をしたり、逃げ回ったり、責任転嫁をするような人を要職につけてはならない。リーダーには、困難に遭遇したときでも、うろたえてはいけないと自分に言い聞かせ、そこから一歩も退かないぞという勇気が要るのである。

経営をやっていますと、いろんな困難に遭遇します。困難に遭遇すると、どうしても怯《ひる》みます。困難を真正面から受けて解決していくには、たいへんな努力が要りそうだと思うばかりに、つい怯むのです。

そして、真正面からそれを受けて立ち、取り組んでいくというのではなく、他に何かもっといい方法はないか、と考えがちです。これが勇気にもとることなのです。学問があり、インテリであればあるほど、真正面から困難を受けとめるということをせず、もっといい方法はないかと思うものです。それは勇気に欠けるところがあるからです。勇気がないから、何かうまく処理する方法はないかと考えるのです。しかし、そこで後ろを見せた瞬間に、解決するものも解決しなくなってしまうのです。

またもう一つは、困難に遭遇したときにこそ団結し、その困難を打ち破ろうと思っていた社員の人たちまでが、リーダーに勇気にもとることがあったときには、部下を打とうとします。つまり、リーダーが怯んだのを見た瞬間に、逃げの手は皆それに倣って、困難を解決するどころか、困難を回避しようとする。その結果、それまで順調にいっていた仕事までがうまくいかなくなります。そういうリーダーでは、部下が尊敬しなくなるのです。

これは何もトップだけの問題ではありません。部長を選ぶにしても課長を選ぶにしても、卑怯《ひきよう》な振る舞いのある人、つまり言い訳をしたり、逃げ回ったり、責任転嫁をするような人を要職につけてはならないのです。それは組織が腐敗するもとになります。

しかし、困難に遭遇したり不幸なことに見舞われたり、そういう苦しい状況に追い込まれたとき、勇気凛々《りんりん》となるような人はなかなかおりません。経営者でもそういう人はおりません。困難に遭遇すれば、みんなうろたえるわけです。うろたえても、少なくとも部下の手前、うろたえてはならんと自分に言い聞かせて、そこから一歩も退かないことです。本人も逃げたい、怖い。しかし、責任上、そこから一歩も退かんという、嘘でもいいからそういう勇気が要るのです。勇気を持つ、というのはたいへん大事なことです。

［一九九三］

⑭もうダメだというときが、仕事の始まり

成功者と不成功者の差は紙一重。問題は、うまくいかなくなったとき、「そこから」が、すべての始まりなのである。みんな、そこまでは努力をする。しかし「そこから」の線を越せない。人並みの努力はやれても、「そこから」先がやれなかったと言って終わってしまうのである。そうではない。繰り返し、繰り返し考える。もうダメだと思わないで、何度もやっていく。そうすると見えてくる。

モノを売るのに、部下にただキャッシュレジスターもコピー機もパーソナル無線も売れと言っても売れません。客先を攻めるには、具体的に戦略を考える。普通にアプローチさせたのでは、門前払いで会ってもらえないし、買ってもくれない。それをどうするかです。

「おまえ、あのお客様のところに行ったか」

「行きましたがダメでした」

「ああ、そうか」

ではいけません。どうすれば競合メーカーに伍して売っていけるのかを考えなければなりません。

会ってもらえないなら、夜討ち朝駆けでもよいから、会ってもらえるまで掛け合うのも一つのやり方です。あそこの支店長に会わなければならないが、会ってくれない。支店長が朝七時に家を出るのであれば、その頃、門の前で待っていて、歩きながら「一分でも結構です。お時間をください、支店長。実は私はこういう者で、もう何回もお伺いしているのですが、なんとか一度、ウチのコピー機を見ていただけませんか」と掛け合うのです。

それには、ただ単に売る、「当社のコピー機を入れれば、コピー代がいくらぐらい安くなりますよ」ということだけでなく、今から何億円売らなければならないとすると、そこから頭を使うのです。頭を使うと、人が考えつかないことまでいろいろ思いつきます。それが創意工夫なのです。売れと言われてただ売っているだけでは売れるわけがありません。売るには特徴がなければなりません。ユニークさがなければなりません。どうしても売らなければと思う心から、知恵が湧き、創意工夫が生まれます。

そういう素晴らしい展開を考えるのは、リーダーだけではありません。部下を集めて、夜はディスカッションをし、「どうして売っていくか、よい知恵はないか。俺はこういうことを考えてみたけれども、おまえはどう思うか」と言って、みんなの知恵を集めて戦略を練るのです。戦略を練ったら、片っ端から実行に移す。実行に移すときには、凄まじい執念で仕事をしなければなりません。それはもうたいへんな努力が必要です。一生懸命考えては、猛烈な馬力をかけてすぐに実行に移す。そして実行に移した結果がうまくいかなければ、さらにまた考えて、創意工夫を加えて打って出る。その綿々たる繰り返しです。それをずっと続けていかなければなりません。

ダメなタイプは、「やってもあかんわ」と愚痴をこぼし出すのです。成功するタイプは、熱意を燃やして考えて、実行に移す。その結果がうまくいくとは限りませんが、反省してまた考え、実行に移す。それを綿々と繰り返していく粘りを持った者です。不成功者は途中でグチリ出すのです。「やってもうまくいかなかった」と。ただでさえうまくいっていないのですから、グチリ出したら勢いもなくなって、おしまいです。

成功者と不成功者との差は、もう紙一重なのです。成功者の話を聞くと、「俺も同じようにやっている」と、みんな思うのです。「それなのになぜ俺が不成功で、あいつが成功なのか。世の中、不公平だ」と思うわけです。不公平ではないのです。問題はうまくいかなくなったあとです。うまくいかなくなったときが、すべての始まりなのです。

普通の人はみんな、そこまでは努力をします。しかし、そこからの線を越せないのです。人並みの努力はやれますが、そこから先がやれない。それで「やれなかった」と言って終わってしまうのです。

新しいことにチャレンジをしていくときに一番問題になるのは、人間は非常に頑固で、常識でしか動けないことです。だから私は、皆さんの常識を壊そうとしているのです。今の皆さんは、一人当り五百万円も売れれば、それでよいと思っているのです。みんな、常識でものを考えている。常識というのは、みんなが納得する、普通のことです。「一人当りの売上は、一生懸命努力しても、このくらいのものだ」と思っているのです。

例えば、営業マンが、「あそこは五百万か。こちらは三百万。まあ、どっこいどっこいだな」と弱虫同士が寄り集まって、慰め合っている。しかし、その中で誰かがパッと一億円売ってみる。そうすると、三百万、五百万を売っている連中に対して、「おまえは何をやっているのか。遊んでいるのではないか」となります。

学校でもそうです。秀才校といっても、みんな秀才ではないのです。誰か一人できる者がいると、それに引っ張られるのです。野球チームでもそうです。うまい選手がいると、それに引っ張られてチーム全体が強くなるのです。逆に、ドングリの背比べのような者ばかりが集まると、全体がダメになってしまいます。だから営業所で誰かがパアーッと大きく売上を上げれば、引っ張られて全体が伸びていきます。

私がよく話すのは、源義経が、自分に仕える武将たちと一緒に、平家の陣の裏に出ようと、絶壁のような鵯越《ひよどりごえ》を下りていったときの話です。見事な甲冑《かっちゅう》に身を固めた武将が、みんな逡巡《しゅんじゅん》する。「危ない。ここは馬に乗ったままでは下りられませんよ」と言うのに、義経は崖を登り下りしている鹿を見て、「鹿が通っているではないか。鹿も四つ足、馬も四つ足」と、先頭を切って下りていった。「鹿も四つ足、馬も四つ足、なんで下りられぬものか」と馬にムチを一発入れて、義経は「われに続け」と言って一気に下りていった。つまり、みんなが越えられないと思っていたところを越えようとする。そして、それを越えた者が歴史に名を連ねるのです。

常識で考えると、「これは無理だ。馬に乗って下りたのでは、落ちて死んでしまう」と言って下りないのが普通です。それを並の人というのです。そうではなく、まず自分自身に、自分はどうあるべきかを噛んで含めるように言い聞かせ、今どういう立場にあるのかをはっきり認識し、こうしたいと目標を置く。そこから、自分が持っている兵力と、自分が持っている武器を見て、目標を達成するには、自分はどうあるべきかを一生懸命に考える。学校の成績が悪くてもかまいません。そんなこととは関係なく、一生懸命に真面目に考え、考え抜くのです。考え抜くと、よい知恵が湧いてきます。

さらには部下にも相談をしてみる。

「俺はこう思うのだが、おまえはどうだ」

「いや、それはよいと思いますよ」

「よし、それならやろう。今日からこれでいこう」

と話し合い、売りに回ってみる。売れなければ、「会えないのが売れない理由なのか、品質が悪いのが理由なのか。何が悪いのだろう」と繰り返し、繰り返し考えるのです。もうダメだと思わないで、何度もやっていく。そうすると見えてくるのです。

［一九八三］

⑮感性的な悩みをしない

感性的な悩みをしないということは、大事なことだ。どんなことがあろうとも、悩む必要はないし、悩んではならない。決して心を煩わせてはいけない。反省をして新しい思いを抱き、新しい行動に移っていくことによって、心の煩い、悩みを新しい未来の方向へと向けていくのである。

人生では、心配事や失敗など、心を煩わせるようなことがあります。しかし、起こってしまったことをいつまでも悔やみ、思い悩んでも意味がありません。くよくよと悩み続けることは、心の病を引き起こし、ひいては肉体の病につながり、人生を不幸なものにしてしまいます。

すでに起こってしまったことはいたずらに悩まず、新しい思いを抱き、新しい行動に移っていくことが大切です。

済んだことに対して反省はしても、感情や感性のレベルで心労を重ねるのではなく、理性で考え、新たな行動に移るべきなのです。そうすることが、人生を素晴らしいものにしていくのです。

「覆水盆に返らず」というように、一度こぼした水は元へは戻りません。「なんであんなことをしたのだろう」「あんなことをしなければよかった」と、いつまでも考えてみたところで詮《せん》ないことです。そういうことを思う必要はありません。

失敗したことは、もちろん反省はしなければなりません。「なぜあんなバカなことをしたのだろう」と厳しく反省しなければなりませんが、十分に反省をしたのであれば、あとはケロッと忘れてしまうことです。くよくよ悩む必要は一切ありません。それは人生でも仕事でも一緒です。

あんなバカなことが起きたのはなぜだったのか、十分に反省し、二度とそういうことをするまいと心に決めさえすれば、あとは全部忘れてしまえばよいのです。そして、新しいことに明るく立ち向かっていくのです。くよくよと後ろ向きなことを考えてはいけません。キッパリと忘れ、新しいことに向かって行動を起こす努力をするのです。そういう人は失敗をしても、後々成功を収めていきます。

感性的な悩みをする人が非常に多くなっています。そのためか、日本では自殺をする人が年間三万人を超えています（二〇〇八年時点）。確かに金銭的な問題や人間関係など、思い悩むことも多いのだろうと思います。しかしそういうときであっても「命までは取られないだろう。生きているだけでも、まだマシではないか」と自分に言い聞かせ、その苦労を克服していくということがたいへん大事です。

人生にはいろいろな悩みがつきまといます。我々も仕事をする上で、いろいろな問題に突き当たります。悩むことも多いと思いますが、下手な悩みは一切しなくて結構です。ただし、反省もしないでただ単にケロッとしていたのではどうにもなりません。

この感性的な悩みをしないということは、本当に大事なことです。どんなことがあろうとも、どんな問題が起きようとも、よしんば生きてはいられないと思うようなことがあっても、悩む必要はありませんし、悩んではなりません。決して心を煩わせてはなりません。反省をして新しい思いを抱き、新しい行動に移っていくことが大事なのです。

新しい思いを抱いて、新しい行動に移っていくことによって、心の煩い、悩みを新しい未来の方向へと向けていく。

人生では、誰もが失敗もしますし、間違いも起こします。失敗、間違いを繰り返しながら人間は成長していくのですから、失敗しても悔やむ必要はありません。反省をしたなら、未来に目を転じ、新しい行動へと移っていくことが、人生を生きていく上で何よりも大切なことなのです。

［二〇〇八］

⑯ 闘争心を燃やす

仕事をする上で、ガッツ、闘争心をもっと持ってほしい。この闘争心は野放図に出してはいけない。コントロールすることが必要になる。〝魂〟によって、闘争心を出すべきところでは出し、そうでないところでは抑えるというようにコントロールするのである。

私は最近、社内において、ガッツというか闘争心が希薄になってきているのではないかと危惧しています。目標に向かって何が何でもという気迫で、なりふりかまわず突き進んでいくガッツ、闘争心というものが失われてきているように思います。

しかし、この闘争心というのは、経営をしていく上では才覚、リーダーシップなどと並んで欠くことのできない成功の条件なのです。それもキャンキャン吠《ほ》える弱い犬みたいなものではなしに、土佐犬のように嚙みついたら離れないという、そのくらい執念深い闘争心が絶対に必要です。勝利に向かって執念を燃やしていくようなガッツがなかったら、どうにもなりません。仕事をする上で、このガッツ、闘争心をもっと持ってほしいのです。

ただし、この闘争心は〝本能心〟ですから、野放図に出してはいけません。闘争心をコントロールすることが一方で必要になります。それをするのが〝魂〟です。この〝魂〟によって、闘争心を出すべきところでは出し、そうでないところでは抑えるというようにコントロールするのです。それをはき違えて闘争心そのものを失ってしまっては本末転倒です。そんな社員が増えてきたのでは、会社が伸びていくはずはありません。

経営というものは意志なのです。「こうありたい」「こうするのだ」と決めたことを貫く強い意志が要るのです。だからマスタープラン（一年間の基本経営計画）をつくっても、月次の目標を立てても、それをやり遂げられない人は、まずリーダーとして失格です。もちろん、いろいろなことがありますから、ときに目標を達成できないこともあるでしょう。しかし、それがしょっちゅうなどという人はもうダメです。意志が弱いのです。

経営環境は絶えず変化しています。世界経済も、日本経済も、為替レート、受注状況などもどんどん変わります。そのような中でも、我々は強い意志によって臨機応変に自分が立てた目標をやり遂げていかなければなりません。経営というものはまさに意志なのです。なんとしてでもやり遂げようという強い意志、リーダーにはこれがなければいけません。さらに自分だけでなく、その意志を集団にまで浸透させてみんなを引っ張っていく闘志がなかったらいけないのです。「まあ、皆さんも一生懸命頑張ってくれているのだから、しようがないではないか」などという調子でいたのでは、課でも、部でも、事業部でも、事業本部でも、絶対に強くはなりません。

以前、私は社員に、「よし、おまえがやれないのだったら、俺は後ろから機関銃で撃ってやる。どうせ後ろに逃げてきても死ぬんだから、死ぬくらいの気迫で前へ進め」と言ったことがあります。「この人は鬼か」と恐怖心を抱くくらいの気迫で言いました。しかし、リーダーたる者、ときにはそうしてでも目標を遂行しなければならないのです。そこまで追い込んでいかなければ、目標は達成できるわけがありません。

一度目標を立ててダメ、次もダメ、ということを何回か繰り返したら、もうその組織はダメです。勝ったことのない、勝つ要領を知らない集団というのは全然ダメです。最近はマスタープランでも、月次の目標でも、みんなで一生懸命に、真面目にやっているにもかかわらず、常にそれが果たせない。それがそのまま通ってしまっている。これはリーダーに闘争心、ガッツ、強い意志力が欠落しているからです。

意志を貫くというのは、リーダー自身にとってたいへんつらいことですが、部下にとってもつらいのです。そういうつらいものであるからこそ、闘争心を凄まじいくらいに出さなければ、物事は予定通り、願望通りにはいきません。

しかし、この闘争心や意志力は諸刃《もろは》の剣《つるぎ》で、誤って限界を超えたりすれば、部下、集団、そして自分をも破壊してしまう危険があります。だからこそ人間性を高める、心を高めるということが必要なのです。そういうぎりぎりの恐ろしいこともできなくて、「一生懸命頑張ってくれているのだから、しようがない」と考えるような人は、人間性を破壊する危険もない代わりに、強い集団をつくり、高い目標を達成することもできません。こういう人は周りに害を及ぼすこともありませんから、心を高めるという必要はないのかもしれません。むしろ、闘争心も意志力もあって仕事ができ、事業や会社を伸ばしていける人こそ、そのマイナス面が出たときに、組織や、そこにいる人々を破壊してしまう危険があるので、人間性を高め、心を高めることが必要になるのです。

私は皆さんに、聖人君子になれ、と言っているのではありません。経営、事業をするには優れた才覚やリーダーシップ、激しい闘争心、強い意志力を持たなければならない。そういう〝本能心〟が必要である。しかし、それだけだと、誤った場合には組織にたいへんな害を与えますから、それに見合うだけ、心を磨かなければならないと言っているのです。

［一九九一］

第4章　人格を高める

◆17 心を高める

「心を高める、経営を伸ばす」。この言葉は、経営者の人格と企業の業績がパラレルになるということを表現している。経営を伸ばしたいと思うなら、まずは自身の心を高めることが先決である。そうすれば業績は必ずついてくる。

私は、かねてから「経営はトップの器で決まる」ということを言ってきました。いくら会社を立派にしていこうと思っても、「蟹《かに》は甲羅《こうら》に似せて穴を掘る」というように、その経営者の人間性、いわば人としての器の大きさにしか企業はならないものなのです。

例えば、小さな企業の経営で成功を収めた経営者が、企業が発展し、その規模が大きくなるにつれて、経営の舵取りがうまくできなくなってしまい、会社を潰してしまうということがあります。それは、組織が大きくなっていくにつれ、その経営者が自分の器を大きくすることができなかったからです。

企業を発展させていこうとするなら、経営の知識やスキルのみならず、経営者としての器、言い換えれば、自分の人間性、哲学、考え方、人格というものを絶えず向上させていくよう、努力をしていくことが求められるのです。

私自身も、決して若い頃から経営トップとしてふさわしい器を備えていたわけではありません。若い頃は未熟な面が多々ありました。しかし、そのことを自分でもよく理解し、少しでも成長できるよう、日々懸命に努力を続けていました。

ある経営者の方からお聞きしたことですが、二十年以上も前に私はその方に対して、自分の人生を「理念を高め続ける日々」と話していたそうです。その方は、私が経営の技術を高めるというのではなく、経営にあたる理念、考え方、哲学を高め続ける日々を送っていると話したことに、いたく感動されたとのことでした。

そういえば、私は若いときから哲学や宗教関連の本を枕元に何十冊と積み、夜寝る前に少しでもひもとくよう心がけていました。たとえどんなに遅く帰ったとしても、一頁でも二頁でも頁を繰る。若い頃からそういう日々を送っていたために、「理念を高め続ける日々」と、不遜にも自分の半生を総括したのだろうと思います。

多くの経営者がそのようなことに努めてこられたはずです。例えば松下電器産業（現パナソニック）グループを創業した松下幸之助さん、また本田技研工業を創業した本田宗一郎さんが、まさにそうではなかったかと思います。

京セラが順調に成長発展を重ね、やがて上場を視野に入れ始めた、三十年以上も前のことです。私はある日本を代表する大手銀行の頭取にお目にかかり、日頃松下幸之助さんの著作をよく読み、尊敬申し上げていて、私自身もそのような生き方をしたい、そのような姿勢で経営にあたりたいと、自らの考えをお話ししました。

その頭取は、松下さんをよくご存じの方でしたので、てっきり相槌《あいづち》を打っていただけるものと思っていました。しかし「松下さんも若い頃には、やんちゃなところもあった。あなたみたいに若いくせに老成したようなことを言うのはいかがなものか」と、私をたしなめられたのです。

その言葉を聞き、愕然としました。人間ですから、若い頃には至らないところなど多々あるはずです。しかし、それでも自分の人間性を向上させようとしているかどうかが大切ではないだろうかと思い、大銀行の頭取でもそのようなことを理解しようとされないことに驚きました。

その後、私は実際に、晩年を迎えていた松下さんにお会いし、対談をさせていただく機会に恵まれました。やはり、素晴らしい人格と識見を兼ね備えた、まさに不世出の経営者でいらっしゃいました。一生涯をかけて、自分の器を大きくすることに努められたのでしょう。また、その結果として、松下電器産業は世界有数のエレクトロニクス企業に成長発展していったのです。

本田宗一郎さんもしかりです。本田さんは、一介の自動車修理工場の経営者から身を立てられた方で、若い頃は随分荒々しかったとお聞きしていました。現場でいい加減なことをしようものなら、すぐに鉄拳やスパナが飛んできたといわれています。またご自身でも、「遊びたいから仕事をするんだ」と公言してはばからなかったといいます。

私は、そんな本田さんが功成り名を遂げられた晩年に、お会いしたことがあります。本田さんをはじめ幾人かの経営者の方々とともに、スウェーデンの王立科学技術アカデミーの海外特別会員に選出され、その関連行事のためにスウェーデンへ招待を受けたときのことでした。

一週間くらい、本田さんたちと一緒に、スウェーデン各地を巡り、寝食をともにする中で、改めて本田さんが素晴らしい人格の持ち主であることを実感しました。若い頃のエピソードが信じられないくらい柔和で、謙虚で、思いやりにあふれ、まさに人格者でいらっしゃいました。本田さんがそのように人格を高められたがゆえに、本田技研工業が、世界に冠たる自動車メーカーにまで成長発展することができたのだと私は思います。

私は、このように、経営者の人格と企業の業績がパラレルになるということを「心を高める、経営を伸ばす」という言葉で表現しています。これは、まさに経営の真髄ともいうべきことです。経営を伸ばしたいと思うならば、まずは経営者である自分自身の心を高めることが先決であり、そうすれば業績は必ずついてくるのです。

この心を高めることを怠った経営者は、いったん大成功を収めたとしても、没落を遂げていくのです。ビジネスで成功し、立派そうに見えた人でも、早い人で十年、遅い人でも三十年も経てば、衰退の道をたどり始める。それは、当初は仕事に打ち込み、一時的に人格を高めることができたとしても、事業を成功させた後に、いつの間にか謙虚さを忘れ、努力を怠るようになり、その人格を高く維持していくことができなかったからです。もともと立派な考え方、立派な人格を持った人がいるわけではありません。人間は一生を生きていく中で、自らの意志と努力で素晴らしい人格を身につけていくのです。

特に多くの従業員を雇用し、その人生を預かっている経営者は、より大きな責任を背負っているはずです。生涯をかけ、弛《たゆ》まぬ研鑽《けんさん》の日々を送り、人格を高め続けることが、経営者として身を立てた者の務めであると私は考えてきました。

［二〇〇七］

⑱人格を高め、維持する

ヘリコプターであれば、プロペラを回さなければ、重力に打ち勝てない。同様に心のレベルを維持するというのは、常に学んでいる、常に反省をしているということでなければできない。ましてや人格、人間を向上させるという場合には、もっと勉強をしなければならない。

皆さん、どんなよい本を読まれても、おそらく何回も読み返しておられることはそうないと思うのです。しかし世の立派な人で、素晴らしい人生を送った人は、一冊の本をボロボロになるまで読んでおられるんですね。

実はどんな立派な人間でも繰り返しの反省がなければ、それを持続できないのです。例えばある勉強をした、こうした会に出た、または本を読んだ、そして感銘を受けた、うわーっ素晴らしいと思った。しかし、そうなったからといって心のレベルが上がったままということは全然ないんですよ。その瞬間に上がっただけなんです。心のレベルは、それを繰り返しやって初めて持続できるのです。ちょうど空中に浮いているのと一緒なのですよ。地べたに這いつくばった状態から、心のレベルが上がるというのは、そこから上がっていって宙に浮いている状態なんです。浮いている状態というのは、常にエネルギーを与えているんです。例えば、ヘリコプターであれば、プロペラを回さなきゃいかんし、ロケットなら噴射してエネルギーを出さなきゃ、重力に打ち勝って止まっておられないんです。同様に心のレベルを維持するというのは、常に学んでいる、常に反省をしているということでなけりゃできない。ましてや人格、人間を向上させるという場合には、もっともっと勉強をしなきゃならないわけです。

私もやっとわかったのですが、あの経営者は立派な人だ、偉い人だと思ったのに、年がいくに従って普通どころか、決して立派でない人になってしまう。事実偉い時期もあったんでしょうが、その人の考え方が立派でなくなっていくと同時に、その会社も衰退していったというケースはいくらでもあります。

つまり、四十代、五十代の全盛期のときには素晴らしい考え方をしておられた。そして意欲もあった。会社も、ものすごく栄えていた。ところが、年がいくに従ってだんだん考え方が変わっていく。それは、しょっちゅうエネルギーを、つまり反省という心の栄養を摂っていないためにダメになっていくのです。

宗教界であっても、こういうケースは多いです。大僧正や老師といわれる人で、若いときに凄まじい修行をされて立派な見識を持った人が、年をとって、決してそうでなくなることがあります。確かに凄まじい修行をして、素晴らしい悟りの境地までいかれて、ある程度の心のレベル、人格をつくり上げてこられたんです。しかし、それを持続していくには、同じように修行を続けていかなければならないのです。そうしなければ、たちまち元の木阿弥《もくあみ》になってしまうのが人間の本性です。だから、その人が偉いか偉くないかというのは、今生きているその生きざまの問題なのです。

例えば、私みたいな者でもボケていかないにしても怠けていく。そのときには、もう値打ちがなくなっていく。常に反省をし続ける、反省のある人生かどうかが、人間の向上のもとだということです。

ですから、盛和塾でこういう話をすることは非常によいことですし、また、それはもう聞いたということで終わりにせず、もう一回聞いてみるんです。そうすると、新たな発見がある。この前聞いて、感激して、そうだと思った、自分もそう実行しようと思ったけれども、毎日、それとまったく反対のことをやっている。またそれをいたく強く感じて、これではいけない、変えていこうと自分で思うということがあっていいんです。

心の問題というのは、そのくらいに繰り返し繰り返し同じことを飽きずに聞き、それを聞いて自分を直していくということが要るんだろうと、このように思っています。

この盛和塾に来るのは今言ったような意味があるんだというふうに理解をしてもらいたいのです。つまり盛和塾へ来て、経営者として今後生きていくのに、また、たった一回しかない人生を生きていくのに、人間性を高め、素晴らしい経営者になろうとする。そのことが自分にとっても、自分の周囲にいる従業員その他の人たちにとっても、非常によいことなのです。そして、それは下手な釣りやゴルフをするより、もっと楽しいことでもあるのです。

［一九九二］

⑲反省ある毎日を送る

毎日寝る前にでも、自分の心を静かにして今日一日を振り返ってみる。そして「おまえはバカか」と自分に言う。翌朝には洗面しながら「バカ！」と言って怒る。「神様、ごめん」「お母さん、ごめん」と声に出して言う。この反省が大事なのである。

毎日反省をすること、これは謙虚さを維持するということと同じですが、自分自身で「今日はどうだったかな」と、「威張ったり、偉そうなことを言ったり、悪いことをしたりしなかったかな」というようなことを反省するということが、私は大事だと思っています。

一日が終わったそのときに、一日を振り返って、自分自身を見つめ直して、「今日は一日、人様に不愉快な思いをさせなかったか」「不親切なことをしなかったか」、または「卑怯な振る舞いはなかったか」とか、いろいろなことを自分自身で思い返して反省をしてみることが必要で、これを習慣にするということが大切です。毎日寝る前にでも、自分の心を静かにして、一日を振り返ってみることがたいへん大事なのです。

私は若い頃から一生懸命仕事をしました。誰にも負けない努力をしました。それは田舎者である私にお金を出していただいて、会社をつくっていただいた方がおられたからです。「これであなた、やりなさい」と言われて、その方々のおかげで会社が始まったわけです。しかし私には、技術屋で、セラミックスをつくるということ、研究するということはできましたけれども、経営をする力がありませんでした。そのために、いつ何時、会社が潰れるかもしれないという不安が常に私を襲っていました。ですから、朝から晩まで一生懸命働きはしましたけれども、毎日が実は反省の日々でした。

今でもそうですが、例えば私は、飲んで、いろいろな人としゃべったりする機会が多くありますが、飲みすぎて、「人様に失礼なことを言ったのではないか」というように感じるときがあります。夜寝るときにそれを反省して、「今日は少し飲みすぎて、失礼なことを言ったのではないか」ということを思うわけです。そして、酔っぱらったことが嫌になってきて、自分に「おまえはバカか」と言うんです。

ただ心の中で反省するのではなく、翌日、朝起きて洗面をするときには「バカ！」という大きな声が出る。自分自身に「バカ」と言って怒っている。そしてそのあとには「神様、ごめん」という言葉が続いて出る。たまには、「お母さん、ごめん」とも言う。七十六歳にもなって、まだ「お母さん、ごめん」というようなことを声に出して言っている。それが家内や娘に聞こえると恥ずかしいものですから、洗面所は必ず戸を閉めて、外には聞こえないようにしています。ずっと、若い頃からそのような反省をしてきた習慣が、今でも続いています。

〔二〇〇八〕

⑳謙虚にして驕らず

人格や考え方は変わる。変わらないほどに鍛え抜かれた考え方、どんなに状況や環境が変わろうと、条件が変わろうと、謙虚さを失わず、変わらない人格を持っていなければ、真のリーダーにはなれない。

没落や、倒産していく企業を目の当たりにすると、私は本当に胸が痛くなりますよ。特に創業型の場合はね。

「一国は一人をもって興り、一人をもって亡《ほろ》ぶ」といわれるように、企業も一人をもって興り、一人をもって亡ぶ。これを皆さんはまざまざと見ていらっしゃると思うんです。

ベンチャーであれ、古い会社であれ、その人には能力があり、熱心でもあり、また努力家でもあった。さらに、考え方もそう悪くはなかった。そして、成功を収めていかれる。成功を収めた結果、素晴らしい状態になっていくに従って、考え方が変節する。つまり、会社が成功し、上場し、順調にいく、そこまで引っ張ってくるまでは、確かに能力もあり、熱意もあり、考え方もそうおかしくはなかったかもしれませんが、成功してからあと、その人の人生観が変わってしまった。お金に執着し始めたり、名誉欲に溺れ始めたりと、その考え方が変わっていくに従って、没落の引き金をひく。成功したのもその人なら、同じ人が没落の引き金をひくんです。それを本人は気づかない。

人格や考え方は変わるんです。変わらないほどに鍛え抜かれた考え方、どんなに状況や環境が変わろうと、条件が変わろうと、変わらない人格を持っていなければ、真のリーダーにはなれません。

私は経営者の方々によく言いますが、成功して、非常に好調になっていく、そうすると、人間はお金に執着し出したり、傲慢《ごうまん》になり始めたり、名誉欲にとらわれたりします。謙虚さを失い始め、だんだん態度が大きくなってくる。ベンチャーのときにはペコペコし、人間的にもなかなか魅力があったし、一生懸命で、かわいいところもあった。ところが成功でもすると、その成功を鼻にかけて、威張り出す。中国の古典に「ただ謙のみ福を受く」という言葉があります。謙虚でなければ、幸せやラッキーというのは受けられないんです。傲慢というか謙虚さを失うということは、人格の中で最大の問題ですね。環境によって人格や考え方が変わったんじゃどうにもならないですよ。

考え方は自由でしょうと言われるかもしれません。確かに自由なんです、人間はどんな考え方をしようと。しかし結果は、あなたが摘むんです。

我々企業経営者だったら、結果は自分一人だけで済むわけではありません。企業が倒産したら、社会に、従業員に、広く累が及ぶわけです。自分だけじゃない。つまり、リーダーというのは、どんな考え方をしても自由でしょう、じゃないんです。集団を幸せにするために、また社会を立派にするために、義務として立派な考え方をしてもらわなきゃ困る。ましてや、一国を引っ張っていく首相というのは、素晴らしい考え方、人格を持っている人を選ばなかったら、国民が不幸に陥り、国が亡びる。会社経営でもそうです。また組織運営でも同様です。部長でも、課長でも、考え方は自由ではないんです。

集団を幸せにするためには、素晴らしい考え方をしてもらうということが、私はたいへん大事だと思います。

今、倒産する企業を見て、胸が痛む思いがしますけれども、自分が成功し、うまくいったなら、謙虚さを失わずに、足るを知る。自分だけがこんなに幸せになっていいものだろうかと、そう思って、足るを知るという考え方になることが必要なんです。同時に、こんなに幸せになった自分に比べて、まだ貧しい人、不幸な人がたくさんおられるから、その人たちも救ってあげたいという利他の心を持つ。成功して絶好調のときに、もしそういう考え方をしておられたならば、決して今、没落の引き金はひいておられない。没落していく人たちは、皆、考え方を高めていくことができなかった方々です。

ですから、そういう意味では私は、この人生の中で、考え方というものが、非常に大事なことだと思っています。

［二〇〇二］

第5章　人を育てる

㉑大善小善

「愛情」というのは、単なる小善の愛ではなく、大善の愛である。一般に、善だと思うことが、実は大悪であることがたいへん多い。小善ではなく、大善を見抜く眼力が必要となる。

我々の行動の基本は、愛情を持ってお互いを助け合っていくことにあります。しかし、その愛情というのは、盲目の愛であってはならないはずです。大善と小善という言葉が仏教にはあります。例えば、自分の子供がかわいいばかりに溺愛し、たいへん甘やかして育てたために、子供が成長するに及んで、人生を誤ってしまうということがあります。逆に、厳しく教育し、しつけていくことによって、子供が素晴らしい人生を歩むということがあります。そういう場合に、仏教では前者を小善といい、後者を大善といっています。

ＩＢＭの社是には「社員を大事にする」という考え方があり、その説明として次のようなたとえ話があるそうです。

ある冬、たいへん厳しい寒波に襲われて湖面が凍ってしまい、カモの群れは餌をついばめなくなった。近所に住んでいた優しい老人が、見かねて餌を撒《ま》いてやったので、カモは飢えを凌《しの》いでひと冬を越すことができた。ところが、春が来てもカモの群れは帰っていこうとしない。老人の餌付けで、カモはそこに居着いてしまった。老人はますますカモがかわいくなって、春が来ても、夏が来ても餌を撒いてやった。何年かが経ち、また大きな寒波が来て、湖面が凍った。あいにくその冬、あまりの寒さに老人は亡くなってしまった。誰も餌を撒いてくれなくなったために、餌をとる術《すべ》を忘れてしまったカモは全部死に絶えてしまった。

つまり、ＩＢＭは「社員を大事にする」とはいっても、溺愛するような育て方はしないということです。それを、このカモの話が物語っています。湖が凍って餌がとれない哀れでかわいそうなカモに餌を与えて助けてやることは、相手を溺愛する小さな愛情、つまり小善なのです。仏教では、「小善は大悪に似たり」といいます。小さな愛情、いい加減な愛情というものが、大悪をなすというわけです。

我々は、この大善と小善という考え方を非常に大事にしていこうと思っています。善だと思うことが、実は大悪をなしている場合は、いくらでもあります。愛情は、大善でなければなりません。「大善は非情に似たり」ともいうように、大善というものは愛情のかけらもないように見えます。例えば、「獅子は我が子を千尋の谷に突き落とす」という言葉があります。千尋の谷から這い上がってきた子だけを育てるのは、非情に見えます。しかし、それは大きな愛なのです。

ですから、我々が言う「愛情」というのは、単なる小善の愛ではなく、大善の愛です。一般に、いいこと、善だと思うことが、実は大悪であることがたいへん多い。そのため、小善ではなくて、大善を見抜く眼力が必要となるのです。

皆さんは職場に配属され、今後それぞれの上司につきます。上司にも様々なタイプがあるでしょう。皆さんの意見を聞き、皆さんが働きやすいようにしてくれる優しい上司もいます。しかし、逆に非常に厳しい上司もいると思います。どちらが正しいとは一概にいえません。それはどちらも正しいのです。

しかし、信念があって親切にしてくれるのならかまいませんが、信念もなく、ただ皆さんに迎合しているというような上司ならば、決して皆さんのためにはなりません。それは、皆さんにとってラクかもしれませんが、その気楽さは皆さんをダメにしていくはずです。厳しい上司のほうがはるかに鍛えられて、長い目で見ればいい結果となるはずです。愛情を単純に考えてはいけません。厳しく見ていく目が必要です。

［一九九一］

22 部下への愛情を持つ

「立派に成長してほしい」という愛情や思いやりの心さえあれば、指導が多少下手でも、部下が納得するまで徹底的に教えるだろうし、そのような上司の気持ちを部下も必ず分かってくれ、成長していくはずである。

人材育成にあたって、最も大切なのは部下への愛情です。いくら教育理論を学び、それに従い、部下を指導しようとしても、愛情がなければ、人材が育つことはありえません。逆に「立派に成長してほしい」という愛情や思いやりの心さえあれば、たとえ指導が多少下手でも、部下が納得するまで徹底的に教えるでしょうし、そのような上司の気持ちを部下も必ず分かってくれ、成長していくはずです。

私は京セラ創業以来、そのような愛情を持って部下指導にあたり、まずは「人間としていかにあるべきか」ということについて、自分の考えを話していきました。「仕事とはどうあるべきか、人生とはいかにあるべきか」ということについて、コンパなど機会を見つけては、一生懸命説いていったのです。

一方、部下に問題があると思えば、仕事中であろうと、人前であろうと、「君のここがダメだ！」と、その場で大声で叱りました。「部下を立派な人間にしてあげたい」と本気で思っていたので、いい加減な態度や間違いを見つけたときに、その場は見逃し、あとで別室に呼び出して諭すなどということは、とてもできなかったのです。

ビジネス書では、部下を注意するときには、本人を傷つけないよう、「人前で厳しく叱ってはいけない」と書かれているといいます。また昨今では「叱る」という言葉自体が禁句になり、部下を叱る厳しい上司は部下から離反され、組織の中で浮いてしまうと聞きます。

そんなことを恐れて、妥協したり、逡巡したりする上司であってはなりません。部下を叱らない上司は、「優しい上司」として一時的に好まれても、長い目で見れば、そうした無責任な上司は、決して真の信頼を部下から得られることはないでしょう。

もちろん、褒めて教えることもときに必要ですが、叱って教えるほうがよほど身にしみて理解できるはずです。部下にしても、本当に優秀な人間であれば、愛情を持って厳しく叱る上司を、最後には必ず受け入れてくれるものです。

〔二〇〇八〕

23 厳しく叱り、笑顔で励ます

部下への愛情があれば、どれほど激しく叱っても、最後に「頑張れ」と笑顔で励ますことができる。その率直な思いが、部下をして、「自分のためを思って叱ってくれた」と感激させ、「この人の言うことなら、無理も聞いてみよう」と意気に感じさせることにもなるはずだ。

京セラの古参の幹部社員たちは皆、私からその場に立っていられないほど激しく叱られた経験を持っています。そのような人たちは叱られている最中、「なぜこれほどまでに厳しく怒られるのか」と、理不尽に思っていたそうです。ところが、私が諄々《じゅんじゅん》と道理を説き、納得したのを確認して話を終え、肩をポンと叩いて、「じゃあ分かったな。頑張れ」と破顔一笑すると、今まで怒られていたことに対する反発や憤りが帳消しになり、むしろ爽快感さえ覚えたといいます。

それはやはり、部下への愛情があったればこそだと考えています。だから、どれほど激しく叱っても、最後に「頑張れ」と笑顔で励ますことができたのです。また、その率直な思いが、部下をして、「自分のためを思って叱ってくれた」と感激させ、「この人の言うことなら、無理も聞いてみよう」と意気に感じさせることにもなったのでしょう。

しかし、私自身を含め、人を育てる側が、必ずしも最初から他人に生き方を語れるほど、立派な人間性を備えているわけではありません。だからこそ、私は聖人賢人たちの書物などを通じて、人としてのあり方を学び、自分自身の人間性と人格を高めていくよう日々努めました。

そのような努力は、部下の指導に役立ったのみならず、私自身の血となり肉ともなっていきました。リーダー自身が研鑽を積み、部下に愛情を持って人としてのあるべき姿を説き、問題点があれば躊躇《ちゅうちょ》なく注意していくことは、教えを受けた側のみならず、授けた側にも人間的な成長をもたらしてくれるのです。

リーダーは、部下を育てるために深い愛情が必要なこと、また部下を一生懸命に育てようとすることが自分自身をも成長させることを忘れてはなりません。一方、部下は上司から厳しく叱られたとしても、それは自分を鍛えてくれる愛情にもとづく指導だと理解して、素直に受け取ることが必要です。

そのような人たちで構成される集団であり続けるなら、そこに集う一人ひとりの社員も、また会社も、今後も成長し続けることができると私は信じています。

［二〇〇八］

24 部下を見抜いて、登用し、育てる

厳しく教えながら登用していく。自信をつけさせていく。「場を踏ませる」ことが、教育になるのだ。しかしそのためには、部下の長所から短所まで全部を見抜いて、その人の短所を補強していかなければならない。

皆さんが立派になると同時に、皆さんの部下の育成にぜひ全力をあげていただきたい。自分の成長もそうですが、自分の部下を育てることに一生懸命努めていただきたいと思います。特に今進めている第二電電（現ＫＤＤＩ）のように、我々は今後会社をどんどん発展させていきます。皆さんの場合も、それぞれ仕事をどんどん拡張していくわけです。

事業をしますと、キーになるのは人ですね。その人の張りつけ方が面白いのです。当社の場合、何人か副社長がいますが、見ていると、「これをしたい」「あれ

をしたい」と思い、仕事を展開していくのです。その際に、実はこの仕事はＡという男が任ではないのに、このようなファンクションが要る、このような仕事をしなければならないと組織図をつくって、「おい、おまえ、これをやれ」と言って人を張りつけていくわけです。ところが、その組織が機能しないといいますか、やることがすべてうまくいかない。失敗ばかりです。

それで、私はその幹部に言うのです。「あなたは何を考えているのですか。こういう仕事をするには、このような役割を果たす人が要る。今、組織図をつくって、その役割を果たす人を当てはめているが、その人がこの役割を果たすに十分な能力を持っているとあなたは見ているのですか。あなた、人物評価を何もしていないではないですか。あの男ではこのファンクション、この役割は果たしえないのに、果たせるというつもりで置いているのですか」と。

そのために、その人の職場は非常に混乱するし、あなたもしょっちゅう走り回らなければならない。だから私はこう続けるのです。

「あなたは自分の部下を評価する術を持っていません。人間性の面からの評価と、仕事をしていくための才能の面からの評価の両方が要るわけで、それをあなたはしていない。つまり、誰でもいい、ただ人をその場所に据えているだけだ。それではうまくいくわけがないんであって、この仕事はこのくらい能力があって、このくらい信頼感がある人間でなければならないというのが仕事の性質上あるでしょう。それに匹敵する人をそこに置かなければならないはずです」

皆さんの場合も、たくさんの人を使って仕事をしているわけですが、その人物の評価に見合うような配置にしていかなければなりません。ただ、必ずしもその任に十分だという人がいるとは限りません。

私の場合は、それを見抜いた上で、例えば「関西の営業課長はおまえがやってくれ」と言います。その男の欠落した部分を私は分かっていますから、その分私は常にウォッチします。一方、この男はこれをやれる、その役割を果たせると思った場合には、私は見ません。欠落している部分がある人だけをバックアップしていく。その能力から人間性まですべてを評価して、自分が頼むその仕事にどのくらい適しているかをよく考えて人を使っていく。足らざるところは私が補強するか、もしくは別の人間をサブに置くことによって補強するのです。

同時に、私はしょっちゅうその人間をつかまえて欠落している部分をやかましく言い、鍛えていきます。いつまでも半端な人間では、その人も困りましょうし、会社としても非常に困るわけですから、その人が自分の欠点というものを十分自覚して自分自身で直してくれるように、教育をしていく。

つまり、部下を評価するということは、実は非常にえげつないことなのです。心優しい人にはできません。それは相手の長所から短所まで全部を見抜くということであり、さらには配置するときに、短所を補強していかなければならないわけですから、えげつない、えぐいところがあるわけです。しかし、それでもズバッと見抜いていかないといけない。

例えば、太陽電池関係の仕事をやってもらうのに、最近不良が出る。即席のメンバーで、よくまあやってくれているとはいうものの、設計を全部彼に任せていいものかどうかという評価をしていない。評価していないどころか任せっ放しです。そのようなことですから、あとで大きなトラブルが発生してしまう。設計だけではなく生産の場合でも、その要所要所にふさわしい人物が置いてあるか。置いていないとすれば、今私が言ったように、フォローしなければならないのに、フォローが抜けてしまい、任せっ放しになっているということです。

ウチの会社がこのように大きくなったのは、人を育ててきたからです。

私は誰よりも教育がうまいと思います。通り一遍の教育ではなくて、本当に人を教えることができるのだという気さえしているのです。だから、この仕事を辞めて第一にやりたいことは医者と弁護士、そして先生なのです。先生という仕事は好きではないのだけれども、自分ぐらい人を教えられるのはいないのではないかとふっと思うときがあります。

皆さんの場合は逆で、頭がいいものだから、部下がバカに見えて、あまり手取り足取り教えない。全体をパッと見て、ちょちょっと教えるだけ。本当は皆さんのところだったら、もっと逸材が輩出しなければならない。皆さんの生徒というものが、全社に配給があるぐらいでなければならない。

部下の育成というか教育について話してきましたが、そのような教育の一つとして、部下を登用していくということも重要です。厳しく教えながら、登用していく。それは自信をつけさせていくことなのです。場を踏ませる、それもまた教育です。つまり、部下を見抜いて短所を補強し、場を踏ませるために要所要所に配置をするというのがいいわけです。

［一九八四］

㉕「鉄火場」を踏ませる

鉄火場へ追い込んでいく。そうして度胸をつけさせる。もともとはおとなしくて非常に人間的で、優しいものを持っている人に、実践の場を踏ませることによって真の度胸をつけさせたときに、真に立派な仕事ができる人になる。

本当は怖がりでビビリで、しかし、センスがあり人間性もおとなしくて非常に真面目な、そういう人に仕事の場を通じて、場を踏ませる。やくざの場合でいえば、喧嘩の場や鉄火場を踏ませる。そのような場を踏ませることによって度胸をつけさせることが大切です。

つまり、もともと雑駁《ざっぱく》で荒っぽい勇気のある人間ではなく、おとなしくてセンスがあって、ビビリという人に鉄火場を踏ませる。そのことによって度胸をつけさせる。

ビジネスにおける鉄火場というのは仕事の場ですよ。仕事の場でデシジョンをさせる、経験を積ませるのですが、ともすると妥協をして逃げてきます。妥協というのは逃げです。逃げてきますから、そのときに私はよく言ったものです。「おまえは前へ行く勇気がないから、相手と仕事をしていても、逃げてくるんだ」

例えば、仕入れという仕事を任せたとします。

私は昔、船場《せんば》の旦那から「仕入れは自分がすんのや、売りは番頭に任せても」と聞いたことがあります。つまり仕入れに利があるのだ、売りは安値で売れば誰でも売れる、番頭でええのやと。というのは、「高《たこ》う仕入れたんじゃ目も当てられん。俺はとことん、誰よりも安く仕入れてみせる。そこに利があるんや」と言う。

それほど重要な仕事なので、仕入れは旦那がするものなんですが、「おまえやってみい」と言って仕入れという鉄火場を踏ませる。とことん安くするために、値切り倒さなければならないですね。

ところが、相手も利がありますから「いや、そんなこと言われたって、そんなわけにはいきません。これ以上はもう安うなりませんよ」と言って、おだてたりさすったりいろいろなことをします。そうすると、自分もあまり憎まれるわけにもいかんというので、いい加減なところで手を打つ。つまり、自分がええ格好をして妥協する、それを逃げてくるというんです。

そんなとき、私はよく言ったものです。

「逃げてきてみい。俺は機関銃を持ってきて、後ろからおまえを撃ってやる。どうせ前に行ったって、こっちに来たって、おまえは死ぬんだ。まだ前のほうが、敵をやっつければ逃げられるかもしれん。だが後ろに逃げてきてみい、俺がおまえを撃ってやる」

そのくらい言いました、私は。それは凄まじい剣幕でやりました。「もう辞めい！　おまえみたいな奴は要らん！　会社に十年もおってなんちゅうこっちゃ、バカモンが！」と。

そうすると、こっちに逃げてこられないから前に行かんならん。弱虫の人に限ってウロウロせんならんわけです。それを、私は許さんのです。そういう場へ追い込んでいくのです。その場を何回も何回もくぐった人を〝鉄火場を踏んだ〟

と、こういうのです。そうして度胸をつけさせる。鉄火場とは本当の喧嘩の場ではありません。実践の場、実務の場のことです。
もともとはおとなしくて非常に人間的で、優しいものを持っている人に場を踏ませる、つまり経験を積ませることによって真の度胸をつけさせたときに、その人は、真に立派な仕事ができる人になるのです。

［一九九二］

㉖やらせてみる

真のリーダーは教育によってつくるものではなく、「探す」ものなのかもしれない。まだ未熟と思えるような人でもいいから、マネージャーやリーダーをやらせてみる。どんどん交代させていく。敗者復活も十分ある。そうすると、今まで見えなかった潜在的な才能を開花させる人が出てくるはずだ。

高収益を上げられる強靭な体力を備えた企業体にしていくには、やはり何といいましても「立派な経営者の育成」が必要です。

設備も人員も製品もまったく変わらないのに、リーダーを代えただけで、その部門の業績が見違えるように変わったという経験をされた方はたくさんおられると思います。リーダーが代わっただけでかくも変わるものか、と思うくらいの業績が変わるという例を、我々は幾多も見ています。

そういう意味では、京セラだけでなく、この低成長・ゼロ成長の時代に入った日本経済においては、本当に優秀で、素晴らしい、真の経営者を見つけ出すことが企業経営にとって必須条件だろうと思います。

今までは誰が経営しても、たとえ大したことのない人が年功序列によって社長になるようなことがあっても、経営はうまくいきました。経済自体が大きく成長していく中では安易な経営でも十分やれましたが、いよいよこの経済環境において、真の経営者が要求される時代がやってきました。

今年は経営者の、つまりリーダーの交代ということがたいへん大切になるだろうと思っています。

それでは、素晴らしいリーダーとはどういうリーダーなのか。私自身も考えていますが、ひと言では言えません。

ただ、漠然と考えられるのは、たいへん仕事熱心で、真面目で、そして自主性があり、利己的な心が少なくて、責任感が強く、研究熱心で常に工夫をする人、同時に公明正大な心を持っている人、また、現在の仕事やその仕事の将来に対して自信を持っている人、言葉を換えれば確信を持っている人、「こうすればこうなり、こうなってああなっていくのだ」と自分の事業なり仕事の先が見えている、「いつの何日にはこの事業はこのような状態になる」と明確な像なり姿を描いている人、明るくて運のいい人。いっぱい挙げましたが、今言ったようなことを少しずつでも、すべて持っているような人が素晴らしいリーダーではないかと思えるわけです。

では、そういうものを持ったリーダーを教育によってつくれるのかというと、私はたいへん難しかろうと思っています。

私は「京セラフィロソフィ」を中心とする社員教育、幹部社員との対話をたいへん重要視してきました。そして、一人ひとりに、ああでもないこうでもないと、しょっちゅう話をしてまいりました。「おまえはここがなっておらん、ここを直せ。あそこを直せ」「こうであるべきだ」「ああであるべきだ」というようなことばかりを言ってきました。これはまさにこの三十数年間、教育でリーダーをつくろうとしてやってきたことなのです。その私が、教育によってリーダーはつくれないのかもしれないと申し上げているわけです。

では教育は無駄なのかというと、そうではありません。それだけ話をしてきた結果、今言ったような素晴らしいリーダーこそ育たなかったかもしれませんが、立派な人たちがたくさん育ってきています。そういう意味では、教育は無駄ではなかった、有効であったと思っていますが、真のリーダー、真の経営者は教育によってできるものではなく、探すものなのかもしれません。

今後、私は教育ももちろんやっていきますが、この混迷する経済社会の中で、京セラという会社と関連会社を含む大きな企業集団を素晴らしい指導力で引っ張っていける人を、この社内から探さなければなりません。

それには、まだ未熟と思えるような人でもいいから、マネージャーをやらせてみるということが必要だろうと思います。やらせることによって、今まで見えなかった潜在的な才能が開花し、真の経営者が見えてくるからです。

今、素晴らしい経営者が最も必要なときだけに、その経営者を見つけるという意味からも私は本年以降、マンネリ化した事業をやっている職場については、どんどんマネージャーやリーダーを交代させていくことが必要だと思います。また、そのようにして交代した場合でも、交代させられた人が必ずしもダメだというのではなく、敗者復活も十分あるようにする。一度痛烈な反省をした後、ひとまわりもふたまわりも成長して、改めて活躍する人もおられるはずですから、そういうふうに展開していければと思っています。

〔一九九三〕

第6章　組織を生かす

㉗ビジョンとミッションを確立する

企業を発展させていくにあたり、最も大きな原動力となるのは何か。それは、「会社をこのようにしたい」というビジョンである。では、そのビジョンを実現していくときに、会社という集団にとってなくてはならないのは何か。それがミッション（使命）である。リーダーはビジョンを掲げるときに、その前提として企業経営の真の目的であるミッションを説かなければならないのである。

一九五九年、私が二十七歳のときに、支援してくださる方々により、京都市中京区西ノ京原町に京セラを設立していただきました。設立時の京セラは、資本金わずか三百万円、従業員も二十八名で、景気やマーケットが少し変動するだけで、すぐにでも潰れかねない零細企業でした。

私はこのような脆弱な零細企業を大きく発展させていきたいと思っていたのですが、経営の経験があったわけではありませんので、どうすればいいのかまったく分かりませんでした。ただ、そうした十分な設備や資金もなく、いつ潰れるか明日をもしれない中にあって、私はあえてあらゆる機会をとらえ、自分の夢を従業員たちに語っていきました。

「今はこんな零細企業だけれども、まずは京都一の企業になろう。京都一になったら日本一、日本一になったら世界一の企業になろう」

雲をつかむような夢ではありましたが、事あるたびに説き続けました。

実際には、京都の中でさえ、当時の京セラではとても抜くことなど不可能と思えるような大企業がたくさんありました。それでも私は、社員に対して、自分の夢を語り続けたのです。

その結果、初めは半信半疑であった社員も、いつしか私の掲げた夢を信じるようになり、その実現に向けて力を合わせ、努力を重ねてくれるようになりました。現在、ファインセラミックスの分野をはじめ多くの事業を展開し、売上が一兆二千八百億円を超えるまでに成長しています。

企業に集う人々が、「こうありたい」という共通の夢、願望を持っているかどうかで、その企業の勢いは違ってきます。素晴らしいビジョンを持ち、「こうありたい」と思えば、そこに強い意志力が働き、その夢に向かって、どんな障害をも乗り越えようという力が生まれるのです。この夢、願望こそが「ビジョン」なのです。そして、「会社をこのようにしたい」というビジョンを描き、それを社員と共有していくことが、企業を発展させていくにあたり、最も大きな原動力となるわけです。

さらに、このビジョンを実現していくときに、集団にとってなくてはならないのが「ミッション」、つまり使命です。リーダーは、ビジョンを掲げるときには、その前提としてミッション、使命も説かなければなりません。

なぜ京セラを世界一の企業にしたいのか。その目的とは何か。それは京セラの場合、京セラに人生をかけてくれた人たちの経済的な豊かさだけでなく、彼らの心の幸福も追求していくことでした。

しかし、初めからこのようなミッションを持っていたわけではありません。このようなミッションを掲げるようになった背景には、従業員とのある出来事がありました。

創業して三年目の春、入社後一年を経過し、ようやく仕事にも慣れた高卒の人たちが徒党を組み、突然私のところへ血判状を持ってきて、「将来が不安だから、昇給や賞与など、将来にわたる待遇を保証してくれ」と迫ってきました。

私が会社の現状を何度説明しても、決して要求を撤回しようとしません。結局、会社では話がつかず、彼らを私が当時住んでいた市営住宅に連れていき、三日三晩話し合ったのです。

私は、心を込めて説きました。

「いずれ君たちの要求以上のことができるよう、私自身、命がけで働くことだけは約束する。だから私を信じて、ついてくる勇気を持ってほしい」

さらに私は、「もし、私が君たちを裏切るようなことがあれば、そのときは私を殺してもかまわない」と言いました。そこまで言うと、ようやく誠意が通じたのか、かたくなだった彼らも、涙ながらに要求を撤回してくれたのです。

こうしてなんとか社員の反乱も収束し、ホッとしたものの、実はその夜は眠ることができませんでした。会社の存在理由、目的について、改めて考えざるをえなかったからです。

終戦後、鹿児島にある私の実家の生活はたいへん苦しいものでした。そのため、就職してからは、わずかではありましたが、田舎に住む両親や兄弟のために毎月仕送りをしていました。

そのように、親兄弟にさえまだ十分な支援ができていないにもかかわらず、それまで縁もゆかりもなかった人たちの生活をも保証しなければならなくなった私は、企業経営というのは、なんとバカバカしいものだろうと思いました。

もともと京セラという会社は、「稲盛和夫の技術を世に問う」ためにつくっていただいた会社でした。以前勤めていた会社では、私のファインセラミック技術を十分には認めてくれなかったのですが、新会社では誰に遠慮することもなく、自分の技術を世に問うことができると喜んでいたわけです。

ところが、この一件で、自分の家族の幸福や自分自身のエンジニアとしての夢よりも、赤の他人である従業員の生活の幸福を最優先にしなければならなくなってしまった。経営とは、こんなに理屈に合わないものかと真剣に悩みました。

しかし、ひと晩考え続けた結果、経営者の私的な願望よりも、従業員やその家族に喜んでもらうことこそが、企業経営の真の目的、ミッションであり、最も大切なことなのだということを心の底から理解したのです。

そのため私は、「稲盛和夫の技術を世に問う」という目的をきっぱりと捨て、京セラの経営のミッションを「全従業員の物心両面の幸福を追求する」と変更しました。しかし、ただ単にそれだけでは社会の公器としての企業の責任を果たせないと思い、「人類、社会の進歩発展に貢献する」というミッションも付け加えました。

こうして、京セラのミッションが「全従業員の物心両面の幸福を追求すると同時に、人類、社会の進歩発展に貢献すること」と定まったのです。私はこれを京セラの経営理念として制定し、従業員に明確に示し、従業員と共有するよう努力してきました。

このように経営のミッションを変更した瞬間に、それまで抱いていた私の悩みは跡形もなく消え、自ら掲げた高いミッションに向かって、いかなる苦労も厭《いと》わず努力を重ねていこうと決意を新たにすることができたのです。

［二〇〇七］

28 自分に惚れさせる

経営の第一歩は、自分と苦楽を共にできるような、心が通ずる従業員をつくっていくことなのだ。そのためには自身が心をひらき、従業員を愛さなければならない。

中小企業であろうが大企業であろうが、経営で一番大事なことは、従業員を自分の考えに惚れ込ませ、一体感が持てるような人間関係をつくることです。それは経営で最初に取り組むことです。

「全従業員の物心両面の幸福を追求すると同時に、人類、社会の進歩発展に貢献すること」という京セラの経営理念は、会社ができて三年目、高卒の新入社員十名くらいが反乱を起こしたことから生まれたということは、もう幾度となく皆さんに話しています。ボーナスはどうしてくれる、昇給はどうしてくれると言ってきたので、私が三日三晩かけて説得し、最終的に考えた会社の目的、経営理念が

「全従業員の物心両面の幸福を追求すること」だったわけです。この会社は従業員のためにある、株主のためではなく従業員のためにある、だから私は必死で頑張る。みんなも私についてきてくれと言う――。

まだ昔のことです。残業代もろくに出ず、仕事が残れば夜遅くまでやらされる。ブツブツ言い出す従業員も出てきます。みんなのためにやっているのに、しょっちゅう文句を言ってくる。「それならもう、おまえは好きな会社に行け。ウチの会社はまだできたばかりで、経営基盤もない。だからみんなで力を合わせ、みんなが安心して生活できるようにするために頑張らなければならんと思っているのに、待遇がどうだこうだということばかり言う。そんなのは要らんから、もう辞めてくれ」と私ははっきりと言いましたし、そういう従業員には辞めてもらいました。「社長、あなたが言う通り、私も一緒に頑張ります」と言ってくれる人たちだけ、つまり私の考えに惚れ込んでくれた人間だけでやってきました。

中小企業ほど、従業員が社長に惚れ込み、「あなたとならどんな苦労でもする」と言ってくれるようにしなければならないのです。そのためにコンパをしなさいと、私は言っているわけです。

私は昔、コンパでよく軍歌を歌いました。『愛馬進軍歌』には、「泣いて秣《まぐさ》を食わしたぞ」という歌詞があるのですが、自分はまだ飯を食っていないけれども、苦楽を共にして頑張ってくれた馬に、先に飼葉をやる。そういうことをするから、みんながついてきてくれるのです。

最初は何も要りません。まず自分の従業員に、「この社長になら苦労を厭わずついていく」と思わせることです。少しくらい無理なことを言ったとしても、「社長、結構です。ついていきます」と言ってくれるような関係をつくることが第一です。そうではない人間が一人でもいれば——、すなわちリンゴ箱の中に腐ったリンゴが一つでもあれば、全部のリンゴが腐ってしまいます。ですから、そういうリンゴはすぐに取り出さなければなりません。

オベンチャラを言う人ばかりを集めるのかと非難されるかもしれませんが、理屈ではないのです。私は社長ではあるけれども、学も何もありません。我々には「力を合わせる」ということしかありません。お金もない、技術もない我々が生き延びていくには、みんなで力を合わせていく以外にないのです。だから、そこに不協和音を起こす人は要りません。私はそういうふうにしてやってきました。

経営の第一歩は、自分と苦楽を共にできるような、心が通ずる従業員をつくっていくことなのです。そのためには、自分自身が心をひらき、従業員を愛さなければなりません。そのように従業員を愛する経営者は、パートの人まで惚れさせています。そういう会社でなければうまくいきません。

［二〇〇八］

29 仕事の意義を説く

従業員を自分のパートナーにしていくためには、「事業の目的、意義を明確にする」ことが必要になる。「公明正大で大義名分のある高い目的を立てる」ことが大事になってくる。

自分一人でいくら努力をしたところで限界がありますから、自分と同じ気持ちになって支えてくれる、自分と一緒に仕事をしてくれる人がどうしても必要なんです。ですから、その人たちをパートナーとして、「私はあなたたちを頼りにしています」という形で迎え入れることが大事になります。「頼りにしている」という言葉が要るのです。そのように下手に出れば、従業員にバカにされはしないだろうか、なめられはしないだろうかと、つい思いがちになりますが、そうではありません。「私はあなたたちを頼りにしているのです」ということがどうしても要るわけです。

「頼りにしています。だから協力してください。兄弟のような、親子のような気持ちで仕事をしてください。単なるサラリーマンではなくて、そういう気持ちで一緒に仕事をしましょう」というふうに言わなければならない。実は、その言葉が従業員をモチベートしていく、その気にさせるのです。これは非常に大事なことです。

言葉を換えれば「たらし込む」わけです。表現がおかしいかもしれませんが、従業員をたらし込む、その気にさせる。「そうおっしゃるのなら、私も手伝いましょう」というふうに、その気にさせることが要るわけです。それが最高のモチベーションになります。

従業員をたらし込んで、自分のパートナーに仕上げていくためには、「稲盛経営十二カ条」の最初に出てくる「事業の目的、意義を明確にする」ということが必要になります。「公明正大で大義名分のある高い目的を立てる」ことが大事になってくるわけです。

京セラは高度な技術を持ち、誰もやれないようなことをやってきたけれども、実際には少々違うのです。焼き物の世界で使う金属の酸化物の粉末をさらに細かい微粒子にして、それを成型し、一七〇〇～一八〇〇度という高温で焼き上げる。このくらいの高温になると、炎は赤ではなく真っ白の世界です。作業メガネをかけなければ、炉の中も見えません。これは、いわゆる3Kの仕事なのです。粉末をこねたり固めたりしますから、服も汚れれば周囲も汚れます。

従業員にそういう仕事をしてもらうと、粉末を扱わなければならないし、高度な技術を要する仕事だとは思ってくれないのです。今、京セラの代表取締役会長（当時）をしている伊藤謙介さんも同じでした。

彼は学校を卒業したあと、私が前に勤めていた会社の研究室に入ってきました。私の助手として一生懸命に手伝ってくれたのですが、研究助手をしてくれる人たちに、私はどうしてもモチベーションを与えなければなりませんでした。

夜、いつも彼らを集めて話をしました。

「皆さんにやってもらっている研究は、こういう目的で、こういう意義があるんです。東大の教授でも京大の教授でも、同じ無機化学の先生で、この分野には誰も手を出していません。今、そういうところを研究しているんです。素晴らしい研究なんですよ。粉をこねたり、形をつくったり、毎日毎日単調な仕事だと、皆さんは思っているかもしれない。単純に見えるけれども、この酸化物の焼結という研究は、世界中でも一、二の大企業がやっているだけの最先端の研究なんです。もしこの研究が完成すれば、こういうものに使われる可能性があります。社会的にたいへんな意義があるんですよ。この研究が成功するかしないかは、皆さんの協力によって決まってきます。頼むよ」

ただ単に「乳鉢でこの粉をすりなさい」というふうにしてしまえば、全然面白くありません。ですから、それがどういう意義のあることなのかということまで話をするわけです。当時は昭和三十年、戦後十年しか経っていない頃です。たいへんな不況で、日本はまだ貧しい国でした。就職もなかなか難しいときでした。学校を卒業して、やっと会社に入ったけれども、ただサラリーマンになっただけという人たちも、自分のやっていることに対して意義を見出せれば、気持ちが高ぶります。モチベーションにたいへん役立つものですから、そういうことを私はよく話していました。

［二〇〇四］

30 仕事への誇りを持たせる

「どんな仕事よりも立派な仕事をしているんだ」という誇りを従業員に持たせるようにしていかなければならない。自分の仕事に対して、自分の会社に対して誇りを持たせなければならない。

京セラでは三十年前に太陽電池の開発を手がけて、莫大なお金を使い、赤字を出しっ放しでやってきて、やっと花が咲いたんです。第一次オイルショックのときに研究開発プロジェクトを立ち上げ、三十年間も粘って粘って今日の太陽電池事業になったわけですが、それをＮＨＫの「プロジェクトＸ」という番組で取り上げたいといってきたんですね。先ほどまでその撮影に出ていたんですけれども、ＮＨＫのディレクターが私に問うわけです。

「なぜそれほどまで粘られたのですか」

私はこう答えました。

「人類が頼っている石油を含めたエネルギーは必ず枯渇してしまう。太陽から地球に注がれる太陽エネルギーを直接電気へと変える太陽電池は、将来の人類を救うエネルギーになっていくはずだ。私はそう考えたので、なんとしてもこれを自分たちの手で完成させたいと思ったんです。同時に、当時の京セラは無名の中堅企業でしかありませんでした。その京セラがエネルギー産業の一角に少しでも手をかけることができれば、京セラの将来の発展に大きく貢献するのではないかという経営者として若干の野心もあって、頑張り続けてきたわけです」

きっと人類を救うことになるはずだという大義名分を立てた。ですから三十年前、太陽電池を開発する連中にも「これは世のため人のためになることなんだから、なんとしても頑張ろう」と言いました。

当時、その開発にあたるべく、合弁会社をつくっていたので、当社にはシャープ、松下電器産業（現パナソニック）から技術屋さんが来ていました。その人たちは合弁が解消したあと、本当なら出向元であるシャープや松下へ帰らなければならないんですが、太陽電池に賭けている私の情熱に引っ張られ、また私が大義名分の話をしょっちゅうしていたものだから、みんな共鳴してくれたんです。出向元であるシャープや松下を辞めて、無名であった京セラに残ってくれた。そして定年になるまで京セラで頑張ってくれました。

一流大学を出たレベルの高い技術屋さんばかりです。そうした人たちを説得し、素晴らしい情熱を燃やして研究してくれるように仕向けていく。なぜそれができたかといえば、大義名分があったからです。「この研究は世のため人のためになる。人類の将来のエネルギー問題を解決するためにどうしても必要なんだ。これは我々が命を賭けて研究する価値があるものなんだ」ということを、常に訴えていたからです。そこで、技術屋さんたちもそういう気持ちになっていった。ですから誰も出向元には帰らず、「稲盛さんがあれだけ賭けている研究開発を、共に続けたい」というふうになってくれたわけです。

これだけ誇り高き素晴らしい仕事をしているのだ、というふうに従業員の意識を変えていかなければならない。赤字続きの研究開発に従事していれば、優れた技術を持ったインテリの連中ばかりですから、みんな嫌気がさしてきます。三十年間粘っても飽きがこない、誇りを失わないような情熱を持たせ続けなければ、太陽電池は続けることができませんでした。

ですから、「どんな仕事よりも立派な仕事をしているんだ」という誇りを従業員に持たせるようにしていかなければならないと思います。自分の仕事に対して、自分の会社に対して誇りを持たせなければならない。誇りを持たせることが第一です。

［二〇〇五］

31 エネルギーを注入する

自分の思いを強大なパワーのエネルギーに変えて、それを部下に注入する。注入して、部下の顔が紅潮してきて、「絶対やりましょう」「やれそうだ」というようなところまで持っていかなければならない。可能性を信じられなければ、難しいものはなんにもできない。

難しいものに挑戦させるには、部下をその気にさせることが非常に大事なんです。

これは難しいことだと考えている部下に、やりようによって簡単にできるかもしれない、こういう方法とこういう方法を組み合わせてこうやればいけるはずだと思わせるのです。

創業期、実際に私は次のように部下に訴えていました。「新しい製品をつくらなければならないのになかなかできないと、お客さんがたいへん困っておられて、ぜひつくってくれないかと言われたんで引き受けてきた。確かに我々のコンペティターでもつくれないと言っているぐらい難しいものだ。しかし、これはね、ウチが持っているこういう技術と新しいこういうものを組み合わせて、こういうふうにすれば、可能性がひらけてくる。私は注文を取って東京から帰ってくる汽車の中で考えたんだけれども、今までやってきたこんなことやあんなことを組み合わせた新しい製造方法を考えたら、これは割と簡単にできると思う」というようなことを、諄々と話していったのです。

「そういえばそうですね」「分かりました。確かにそうです」「難しくてできないと思っていましたけど、できそうです」というふうに肯定するようになるまで、部下の気持ちを変えていく、それを私は必死でやりました。部下が「そうだ。これはやり方によっては十分やれる。確かに社長の言う通りだ」というふうになってくれる、そういう顔つきになるまで、一時間でも二時間でもしゃべりました。

それは、私が持っている、こうすればできるんだ、どうしてもやりたいんだという思いを、エネルギーとして部下に注入しているように思いました。まさに、自分の思いを強大なパワーのエネルギーに変えて、それを部下の人に注入する。注入するという意味は、納得して「それはそうだ」「これはやれる」という気持ちにまでさせるということです。

こちらが真剣勝負で必死になって、それを分かってもらうように訴えていくから、エネルギーが注入できるのであって、簡単にただしゃらしゃらしゃべって、それでもって分かったなということではいけない。エネルギーを注入して、部下の顔が紅潮してきて、「絶対やりましょう」「やれそうだ」というようなところまで持っていかなければなりません。すべては部下の人たちも含めて、可能性を信じられなければ、難しいものはなんにもできないのです。

［二〇〇八］

32 率先垂範する

リーダーがガミガミ言っても、人は動くものではない。その人の心が変わって、自らがやる気を起こさなくては意味がない。だから、みんなに共通する経営の指針を訴えて、内から燃えてくるような雰囲気をつくっていくのである。それと同時に、後ろ姿でもって教育するのである。

営業所長である皆さんが、営業所員を説得し、自分の意見を通していくには、その行為、行動というものが一番効き目があります。口で言うだけでなく、実際に皆さん自身がどのくらい実行しているのか、ということが大きなポイントです。

皆さんは、部下よりも早く、一番先に出社しなければならないと思います。そうでなければ、部下を引っ張っていくことができるはずがありません。舌先三寸で人が動くわけがありません。自ら先頭を切って行動することによって、みんなを導いていくのです。口だけでいくら言っても、「自分はグウタラなことをやっていて、我々にやる気を起こさせようなんて、とんでもない話ではないか」と思われるに違いありません。自分自身がまず始めなければなりません。

皆さんの行動そのものが決め手になるのです。少なくとも、自分の営業所の部下からは、「営業所長が変わった。確かに所長の言う通りだ。我々も頑張ろう。所長も一生懸命やっているではないか」と思われなければなりません。日常の行動の中で、ひしひしと訴えるものがなければ、部下が変わることは絶対にないと思います。それが営業所長という、長たる者のなす大きな役割です。つまり、自分の後ろ姿で部下にやる気を起こさせていく、ということです。

リーダーとして恥ずかしくない人間になるよう、努力をしてください。もう一度言いますが、リーダーがガミガミ言っても、人は動くものではありません。その人の心が変わって、自らがやる気を起こさなくては意味がありません。

それには、みんなに共通する我々の経営の指針を訴えていくのです。

「みんなの物心両面の幸福を追求することが、我々の仕事なのです。あなたの生活を守ることが、我々の基本なのです。皆さんの生活、家庭を守るには、この営業所がうまくいって、業績が上がらなければいけません。営業所がうまくいかなければ、会社だってうまくいかないのです。だから私が皆さんを怒っているのは、憎いからではないのです。皆さん、そこのところをもっと考えてください。自分たちで自らの生活を守っていきましょう」ということを訴えていきなさい。

そしてみんなが、内から燃えてくるような雰囲気をつくっていくのです。

それを訴えると同時に、後ろ姿でもって教育をしなさい。後ろ姿、それは皆さんの行動です。普段の行動そのものが、尊敬と信頼を集めるものでなければ困ります。朝の出社時間、日常の勤務態度から営業活動に至るまで、皆さんが率先垂範してやらなければなりません。

その最たるものとしては、頭を使うのです。目が覚めた瞬間から一切、仕事のこと、会社のことだけを考えなさい。寝る時間まで考えていれば、必ず素晴らしいアイデアが湧いてきます。

また、営業数字をまとめたファイルをつくって、常に持っておきなさい。それは週刊誌や三文雑誌よりはもっと面白い読み物です。「この客先にはこういう実績があるが、どういう手を打っていこうか、ああいう手を打っていこうか」と、その中からいろいろなものが思いついてきます。そうして考え続けていれば、よい知恵も湧いてきますし、行動にも出てきますし、必ず実績も上がってきます。

［一九八四］

33 私心をなくす

自分のことばかり考えている人には誰もついてこない。社長であれば、会社に代わって、会社になって、ものを言う。いわば会社の代弁をしなければならない。それは社長だけのことではない。どんな小さな組織のリーダーも、同じである。集団のために損な役割を引き受ける、それがリーダーの必須条件である。

昔から私は言うんですが、社長というのは稲盛和夫個人であると同時に、会社のことを考えなければならないのです。会社はものを言わんわけです。お金が足りませんというのも、これは経理の人が言うだけで、会社そのものは何も言わない。もっと儲かりたい、もっと安全に経営したいとも言わないわけです。ですから、個人である私が会社に代わって、社長である私に言わなければならない。会社という人間ではないものになり代わって、私が個人として、会社はああもありたい、こうもありたいと、社長である私自身に言わなければならないのです。

そうしますと、私はいつ個人に返るんや、というわけです。私が個人になっている間は、私個人のことを考えているわけですから、その間は会社としては機能しません。しかし、それはおかしいと思いますね。社長というのはかわいそうやけど、もう個人というのはほとんどないのです。

会社は無生物なんや、株主がただ集まっただけなんだとする会社法人説の考え方と、株主が所有しているかもしらんが、会社そのものにも人格があるんやとする会社擬人説の考え方があるわけです。会社というものには人格はないんや、痛くも痒くもないんや、それは全部株主が持っているものであるという、いわゆる資本主義でいう説と、会社そのものに人格があるんやという説と二つある。これは会計学上の処理の問題ですが、私はもっと精神的な問題で会社というものは一つの人格であり、それを代弁するのが社長だと思うわけです。社長が会社に来ている八時間の間だけ会社のことを考えて、あとは自分のことを考えているというのでは、会社としてたいへんなことになります。社長は会社の代弁をしなければいけません。

会社の利益になることと自分の利益になることが同時に存在した場合に、どっちを採用するか。無意識に自分のことはほったらかしにして会社の利益に関心がいくタイプ、そういうタイプでないと会社を任してはならんと私は思います。アメリカあたりでは、自分も大事やし、会社も大事やからなあと、足して二で割ったような結論を出す人はまだいいほうで、もっと悪い人は、日本の経営者でもそうですが、まず優先して自分の利益を考え、その次に余裕があったら会社のことも考えるという人がいます。そういう経営者が経営する会社というのは、不幸のどん底になります。

つまり、私心をなくすということ。そのために高い給料も払っているわけですから、会社にすれば、そういうこせこせした考え方をせんでもよろしい、全身全霊を社業に打ち込んでくれ、ということになるはずなんです。

社長だけじゃありません。どんな小さな組織の場合もそうです。自分の率いる組織のことを最優先しなければ部下はついてきやしません。常に自分のことばかり考えているというタイプのリーダーでは誰もついてこないことは、皆さんもよく知っておられることと思います。

さらに、集団のために損な役割を引き受けられる勇気、これは必須条件です。それを出し惜しみするような人は、リーダーではありません。

今ここにいる皆さんは、それぞれに昇格されたんでしょうけれども、そんなのはクソ食らえです。もっともっと偉くなってほしいと思いますし、最終的にはウチの会社を継ぐ人になってほしい。あの人間が継げば、能力はあるし、明るくてよい人間性で、厳しさも優しさも持っている、そういう誰が見ても、「あいつは立派や」と言われる人間になってほしいと思うわけです。

［一九八二］

第7章　創造する

34 人間の無限の可能性を追求する

「自分は無限の能力を秘めているんだ」とまずは信じること。ただし、いくら信じても、それだけの能力はない。だから毎日地味な努力をし、自分の能力を磨き上げていくことが必要になってくるのである。それができるのは、常に好奇心を持ち、新しいことを考えて実行し、実行することを楽しんでいる人である。

人間は誰でも無限の可能性を持っています。それは自覚をしていないかもしれませんが、誰でも無限で莫大な能力を秘めています。それを信じてください。「無限の可能性」という言葉は「無限の能力」と置き換えてもいいと思っています。

しかし考えてみれば、学校に行っていた頃、あまり自分の出来がよくなかったことは自分自身が分かっています。ですから、私がそう言ったからといって「俺には無限の能力があるんではなかろうか」と簡単に信ずる人は、よほどのバカでない限り、いないはずです。小学校から大学までの間、自分の成績からすれば、無限の能力があるなんてことは信じられない。それでもあえて私は、「無限の能力があると信じなさい」と言うわけです。

百人にそういうことを言っても誰も信じません。だから、みんな成功しないのです。それを信ずる人であれば、必ず成功するはずです。そういう人は、自分がもともとできなかったのに、「俺には無限の能力があるんじゃなかろうか」と急に信ずるわけですから、よほどオッチョコチョイで、相当いい加減な人なんです。

しかし、能力は頭だけではありません。私が言う「能力」とは、肉体的な能力もすべて含めています。つまり、社会における能力ということです。学校の学問だけなら頭だけかもしれませんが、実社会の中では、頭だけが能力ではありません。健康であることも能力の一つです。「私は大きな病気をしたことがありませんし、風邪もひいたことがありません。たいへん健康なんです」と言う人は、病気がちな人に比べればはるかに能力が高いわけです。ですから能力とは、肉体を含めた、すべての能力を言うわけです。

一般には「能力が無限である」ということは信じられていません。ですから、「能力は磨けば進歩、向上する」と言い換えてもいいかもしれません。

確かにそうです。朝晩に運動をしたり、健康に気を付ければさらに健康になるはずですし、肉体的な能力にしても、トレーニングをすればさらに強くなっていくはずです。頭でもそうです。能力は進歩をしていくわけです。磨かなかったから進歩、向上しなかっただけで、「自分の能力は無限である」と信じて今日から自分の能力を磨く努力をしていただきたい。

「自分の能力を向上させよう。自分は気がついていないけれども、自分には無限の能力があるはずだ。それは、自分が今まで磨いてこなかった、能力を向上させるように努力してこなかっただけなんだ。だから能力を磨いていこう。そのためには、まず『自分には無限の能力がある』と信じることだ」

こういうふうに考えていくことが大事だと思います。

人間の無限の能力を信ずるということを実践していくには、つまり、能力を磨いて向上させ、進歩させていくためには、地味な努力を積み重ねるしかありません。毎日毎日、本当に地味な努力を積み重ねていくことが必要なんです。

また同時に、常に創造的な仕事を心がけなければなりません。「今日よりは明日、明日よりは明後日と常に創意工夫をしなさい」と私は言っています。今日も明日も明後日も、同じことをやるのではなく、常に今日よりは明日、明日よりは明後日と創意工夫をして仕事をする。特に創造的で大きな仕事を完成させるためには、それが非常に大切なことなんです。

地味な努力を積み重ね、常に創造的なことを考え、創造的な仕事をする。それが自分の能力を向上させ、進歩させるもとだと思います。

「自分は無限の能力を秘めているんだ」と、まずそれを信じてください。ただし、いくら信じても、それだけの能力はありません。ですから、毎日地味な努力をし、それを磨き上げていくことが必要になってくるわけです。

「人間の無限の可能性を追求する」ということを私が言っていますのは、事業をするのでも何でもそうなんですが、例えば今、たいへん不況だとします。そして部下の営業部長に、「注文が少ない。もっと頑張って注文を取ってこい」と言います。その場合、現在の厳しい環境、状況、いろんなことが営業から聞こえてきます。注文を取ることがいかに難しいか、ウチの会社だけではなく、同業他社も非常に苦しんでいる、ウチだけの問題じゃない、事ほど左様に非常に難しいんだ、そういう条件がいっぱい上がってきます。ですから、非常に厳しい経済環境の中では難しいのかな、自分が言おうとしていることは無理なのかなと思って、つい矛先が緩んでしまいます。

それは今日の事業だけのことではありません。

自分の会社はこういう業種だけれども、今後も同じ業種のままで本当にうまくいくのだろうか。時代もだんだんと変わっていく。父親から継いだ事業をこのまま踏襲していっていいものだろうか。ジリ貧で、仕事も減っていきそうな感じがする。友だちやいろんな人たちの様子を見ていると、あんなこともしてみたい、こんな事業もしてみたい。「新しい二十一世紀はこんな時代になる」と新聞、雑誌に書かれているけれども、あんな事業もしてみたいものだ。しかし、自分には能力もないし、技術もないし、資金もないんだから、それは無理だ――。

我々はそういうふうに思いがちですが、そう思うことはやめていただきたい。

人間には無限の能力があり、無限の可能性があるんですから、そういうふうに条件をいっぱい挙げて、簡単にあきらめなさんなと言いたい。「なんとかすればなんとかなるんではなかろうか」というところから入らなければならないんです。それが、「人間の無限の可能性を追求する」ということなんです。

人間の無限の能力を信ずる、人間の無限の可能性を追求するといったところで、簡単にポッとできるものではありません。しかし、「これは難しいから、ウチには無理だろう」と安易にあきらめてはなりません。「なんとかすればやれるんではなかろうか」と考えるべきです。なんとかすればなんとかなるのではなかろうかと考えれば、取っかかってみようかとなります。そこから地味な努力を続けるんです。それは尺取り虫が地べたを這っていくようなものかもしれませんが、それでいいんです。そういうことから物事は始まっていくものなんです。

京セラを創業してから四半世紀が過ぎた一九八四年、私はファインセラミックスとはまったく関係のない電気通信事業、第二電電（現ＫＤＤＩ）というものを始めました。何の関係もない分野に乗り出していったわけです。

通信事業は明治以来、国家の経営で全国津々浦々に展開され、当時三十万人を超える従業員を抱える電電公社（現NTT）という巨大組織があった。その研究所では何万という研究員が専門的な研究をしている。何も知らない者が、そこに乗り込んで喧嘩を売ろうというわけですから、無謀で、むちゃくちゃな戦いです。普通の人なら誰しも、できるとは思いません。だから、あきらめるわけです。ちょっと考えてはみるけれども、あきらめてしまう。その中で名乗りをあげたのは、最初は私だけでした。非常にむちゃなことで、「本当にできるのか」と言われたぐらいです。

自分の無限の能力を信じていなければ、それはまさにドン・キホーテです。「乗り出しても自爆するだけではないのか」と言われたものですが、私にしてみれば、努力すれば必ず道がひらけると思ったから乗り出したわけです。

第二電電は私が五十歳を超えてからチャレンジした事業です。決して若くないときに始め、そしてやり遂げた。人間の無限の可能性を追求することで、道はひらけるということをまさに証明してみせたわけです。皆さんもぜひ、自分にもすごい能力が隠されているということを信じて、やっていただきたい。常に創造的な仕事をすることを考えて、少しずつ、少しずつでもいいから地味な努力を積み重ねていくことが自分の能力を磨き、向上させ、進歩させるもとです。

では、それができる人はどんなタイプなのかというと、やはり意欲的な人です。人生を渡っていくのに、こうやったらうまくいかないのではなかろうかとか、いろいろ悲観的なことをあげつらう人ではなく、意欲的で明るくて、自分から進んで物事を考えながら実行していくようなタイプの人。事業家でも親から引き継いだ事業だけをやっていくのではなく、常に好奇心を持ち、新しいことを考えて実行し、実行することを楽しんでいる人、そういう人だと思います。

私は第二電電をやるときにも悲壮感だけでやっていったのではありません。私にはフィロソフィというものがある。そのフィロソフィに従って努力をしていこう。そうすれば必ず道はひらけると思ってやっていった。ですから、そこに楽しみみたいな、また楽天的なものも少しありました。悲壮感だけでは、やはり折れるんです。新しいことを成し遂げていくには、明るい楽天的な面がなくてはなりません。

これが「人間の無限の可能性を追求する」ということです。

［一九九九］

㉟楽観的に構想し、悲観的に計画し、楽観的に実行する

超楽観的に目標を設定することが必要である。その上で、計画の段階では、悲観的に構想を見つめ直す。そして実行段階ではとてつもなく楽観的にいく。それが新しいことを成し遂げる要諦なのである。

新製品開発、新技術開発など、新しいことを進めて成功していくには、まず楽観的に構想を描くことだろうと思います。つまり、なんとしてもやり遂げたいという夢と希望を持って、超楽観的に目標を設定することが、新しいことに取り組むにあたり、最も大切なことなのです。この「超楽観的に目標を設定する」ということには反論する人もあると思いますが、私はそう思っています。自分で壁をつくってしまっては、夢みたいなことをやろうという気にはなりません。天は無限の可能性を与えているということを信じるのです。「できるのだ」と繰り返し

自らに言い聞かせ、自らを奮い立たせていくのです。

もちろん、計画の段階では、悲観的に構想を見つめ直す必要があります。悲観的とは、どのくらい難しいのかを慎重に、小心に考え尽くすことです。そして、この悲観的な要素に対する対策を練って計画を立てた上で、今度は楽観的に行動に移すのです。実行段階でも悲観的に考えていたのでは、成功への果敢な行動などとれるはずがありません。

新しいことを始めるには、このように頭を切り替えていくか、さもなければ、それぞれの段階に見合った人を配することが必要です。

この超楽観的に構想を練り、悲観的に計画し、そして楽観的に実行する、というのはどういうことか。新しいカメラの開発が一つの実例です。

私には自らの哲学から、どうしてもこういうカメラをつくらなければならない、というものがありました。しかし、それは技術的に難しく、当社にない技術が必要でした。

開発担当者に「どのくらいかかるか」と聞いたら、「三年か四年かかります」と言う。「そんなバカなことがあるか、おまえ。いくら待っても一年半。できれば一年間でやれ」と言うと、「これはたいへんな技術の集積が必要で、その技術を持った技術者がウチにはいません」と言う。特に役員や優秀な技術屋はみんな「できない」と言うのです。

一人だけ「やれると思います」と言う者がいたので、私は「おまえがやれ」と命じました。技術担当の役員などは、「できるわけがない。あれだけ難しいものを、そんな簡単にできるものか。ウチには人もいないし、技術もないし、できない。それができると言って失敗すれば、大目玉を喰らう」と考えていたかもしれません。我が社では、前向きにやったものは咎めないというのが主義なのですが、そういうことを考え、躊躇していた。私も、そんな技術がないことぐらいは知っていました。「やれると思います」と言った者にやれるという保証はないのです。それを承知の上で、「行け!」と。つまり、超楽観的に目標を設定したわけです。

賢い人は悲観的に目標を設定して「それは無理です」と言う。私はそんな者をつかまえて、「おまえは要らん」と言い、若干オッチョコチョイでもいいから、すぐに「やります」と言う人にやらせてみる。できるはずがないことは私も分かっているのです。

重たい車輪を動かすには、最初のひと押しが要るわけで、すなわち超楽観的に目標を設定することが必要です。いくら理論を言ってもダメです。車輪がいったん動き出して、動きが大きくなれば、もう止めようがないわけです。

しかし、「おまえはそのままで結構だ、そのまま行け」と言ってオッチョコチョイを放っておいたら、どこへ走っていくか分かりません。だから、やると決めたら、「じゃ、具体的な計画を立てようではないか」と言って計画を立ててみる。そうすると、実は技術がない、人がいない、という問題が全部出てくるわけです。ただし、やることに決めたのですから、人材はどこかから採ろうではないか、技術はどこかから入れようではないかと、次はそれをクリアするにはどうするかということを考える。

そして、無い知恵を一生懸命絞って悲観的に計画を立て、技術はこうする、人材はこうすると決まったら走り出すのです。走り出したら、今度は楽観的にいく。うまくいかないのではなかろうか、ということを思ってはなりません。

この段階になると中村天風さんの哲学なのですね。天風さんは「常に明るくポジティブに、前向きに生きなさい」と言っています。悲観的な、ネガティブなことは一切思わないこと。絶対にうまくいくのだ、と心に思う。たとえ途中で失敗しても、うまくいった、と思えと。実行段階ではとてつもなく楽観的にいく、ということです。これが新しいことを成し遂げる要諦なのです。

［一九八九］

36 心のままになる

新たに創造的なことをする、真理を見出していこうとするときに、信じられるのは自分しかない。しかしそのときに、自分の基準となる心が「バランス」のとれたもの、両極端を兼ね備えたものであるかどうかが問われる。

新製品開発、もしくは新市場開拓といった新しいことを考え、創造していくということについてお話しいたします。

これはちょうど私たちが会社をつくって、右も左も分からず、経営のケの字も知らなくて経営を始めたときに、原理原則、つまり人間として何が正しいのかに立脚して考えていったのと同じように、創造とは、他に基準を求めず、己に基準を求めなければならないものです。つまり、技術開発でも、人のやっていないことをやっていくのは、真っ暗な闇の中を手探りで歩くのと同じです。その場合、専門技術の知識、経験より、その人が持っている心の状態が、実は一番大事になってくるわけです。

想像していただければ分かりますが、例えば真っ暗闇の街角に出たとしますと、まったく前が見えませんから、手探りで歩かなければいけないだろうと思います。大胆な人なら、ここは一度通ったことがあるようだと考えて、手探りではあっても相当大胆に歩くかもしれません。そしてドブに落ちるとか、その辺にある自転車に蹴つまずくとかしながら歩くでしょう。逆に、怖がりの人は、神経質に片足ずつずらしながら、手探りで、恐る恐る進んでいきます。そのうちに、いろんな音が聞こえてくると、ますます怖くなってきますから、足がすくんでしまい、動けなくなるかもしれません。

つまり、大胆な人は大胆に、怖がりの人は慎重に歩きます。どちらにしても、自分が触れたもの、自分の身体で感じたものしか確かめられないのです。

それが、創造という世界だと思います。

私はもともと技術者でしたから、かつては技術開発が仕事の大半を占めていました。そのような若い頃に実験をやっていますと、非常に面白いことに遭遇します。現在では化学分析というのは機器を使うので、数値が正確に出てきますが、昔はすべて実験によって分析していました。

例えば、ある物質の中に、ある元素が何パーセント入っているかという定量分析をするとき、その元素がたくさん入っている場合はいいんですが、非常に少ないパーセントで混入しているものを分析しますと、なかなか正確な数値が出てこないんです。定性分析といいまして、ある薬品を入れてその元素が入っていることを見出すことはできますが、それがいくらの量で入っているのかを調べるのに、十人の学生に実験をやらせれば、十人とも数値が違います。

大学で定量分析の手法を学ぶには、前もってある成分のサンプルをつくって、それを実験で分析します。そうすると、前もって入れた元素の量は分かっていますから、実験してみて数値がおかしかったらまたやり直すということをやって、その手法を覚えていくのです。

しかし、そうして定量分析の方法を相当マスターしたあとでも、未知のものを分析すると、十人やれば十人とも数値が違います。

大気や水質を調べるときに、微量分析をやりまして数値が出ます。ある試験場で試験をした結果がこうであったと。ところが、実はこれも相当差のある数値です。

そういう試験をする場合には、技術的に正しい手法でもって進めていくのですけれども、人によって数値が異なります。大きく間違ってはいないんです。方法も間違っていないんですが、その間いろんな操作をしていく途中で、少し手違いがあったり、少し荒っぽかったりというようなことが、数値の違うもとなんです。自分では正確にやったと思っていても、客観的に見ると正確ではなかったということです。

神経質な人がものすごく神経質に実験をしますと、やや近いものになりますが、それでもまだ正しい数値ではありません。大胆な人がやると、大胆なだけにラフですから、数値は大きく狂ってしまう。正確さを求める場合でも、最初に言った、新しいものを求める場合でも、自分のやった結果そのものしか、確かめるものはないわけです。

ですから、創造という世界では、基準というものは全部自分にかかってくるのです。

一般に、我々が社会で生活をするのに、九九パーセントが自分で確かめてやっているのではありません。世間ではこうだとか、人はこう言ったとかということがすべて基準になってきます。つまり、高度に社会が発達し、文明が進んできますと、自分で尺度をつくって歩くことが難しくて、他の尺度の中で、レールに乗っかって生きるほうがはるかにラクですから、それに慣れてしまっているんです。

たまに自分の尺度でものを考えたりすると、それは人の生き方と違いますから嫌われてしまうというようなことがあるくらいで、大半が他に基準を求めて生きるということを、無意識のうちにさせられているのが現実です。しかし、その中で、新たに創造的なことをするには、自らの手で確かめなければなりません。信じられるのは自分しかありません。基準は自分しかないのです。

あるものを創造していくということは、真理を見出していくのと同じですから、基準となるべき自分、つまり心というものが、どのくらい立派であるかが重要になってきます。

立派という中には、きれいということも含まれていますが、私が立派という意味はバランスということです。どのくらいバランスのとれた、均整のとれた心なのかという問題です。大胆すぎてもダメですし、怖がりすぎてもダメです。楽天的でありすぎてもダメですし、コンサバティブ（慎重）でありすぎてもダメです。

また、バランスというのは、よくいわれる中庸、バランスのとれた真ん中という意味でもないのです。ある真理を見出していく場合のバランスというのは、両極端を兼ね備えるということです。猛烈大胆なことができるかと思うと、ものすごく細心であるということ。また、ものすごく思いやりにあふれているかと思うと、非情な一面を持つ。ものを生み出す場合には、まさにそういう心のバランスが必要になってきます。

そういう自分の心が基準ですから、いわゆる真理というものと実験結果を照らしていく。研究をずっとやっていても、なかなか思うようにうまくいきませんが、夜も昼も寝ないで、一生懸命、研究を進めるうちに、ある程度のものができてきたとします。そこにくるまでがたいへんなんですが、そこまできてあるものができると、いくらか自尊心の強いタイプの人ですと、できた瞬間には、これは完全ではない、もう少しだなと内心思うんです。しかし、今まで一年半もかけて、本当に苦労してやってきてできたものだけに、そう思いたくないというのも人情なんです。だから、できもしていないのに、「できました」と言ってしまう。つまり、その人の心の基準でものを判断するのですから、自分が苦労してここまでやってきて、会社の経営者からは常に、まだかまだかと要求されているときに「いやこれはまだ完全にはできていないんです」と言うには非常に勇気が要るわけです。

勇気もあれば、虚栄心もある、人間にはいろんな心があるわけです。自分では内心「完全ではない」と思うのですが、時の勢いであるとか、自分の面子《めんつ》であるとか、いろんなものが重なって「これはできた」と言う。そこで、ある人がそれに対して若干の非難や中傷をすると、そうではないということを、一生懸命、もっともらしく説明しようとする。つまり、その人ができたと思うのか、思えばできたということになります。

しかし、それは、心が歪《いびつ》であって、できていないのにできたと言っているわけです。ですから一時的な成功はするかもしれませんが、必ず失敗します。

一方、非常に怖がりで、謙虚な人だと、やってもやっても結論が出ません。他の人が見て、もうできているではないかと思っても、「いや、まだです」と言って、一年経っても二年経っても、ものができません。もうできているじゃないかと言っても、まだですと言ってタイミングを逸して、会社の経営者も熱が冷めてしまった頃に、結論がつかないままに、頼りないものができてくる。

本当はいいものなんですが、こわごわ、おどおどした状態でつくったものというのは、その心と同じようなものができてくるわけです。

当社には、セラミック製品から電子機器まで、いろんな製品がありますが、心という観点でものを見ると、すべてといっていいぐらい、できばえというのは、開発をした人の心のままになってできてきます。

つまり、おどおどした人がつくると、おどおどしたものになりますし、大胆な、傲慢な人がつくったものというのは、大胆で傲慢なものになってきます。性能から外観から、あらゆるものがそういう、開発した人の心のままになってできてきます。そんなバカなと思われるかもしれませんが、まさにそうなんです。これは不思議なくらいです。

その中で、多くの人の心をとらえ、ヒットをしていく、または成功していく新製品というものは、その製品をつくった人、開発した人の心が生き写しになっているだけに、そういうバランスのとれた心を持った人の開発したものでなければ、ものにならないと私は思います。

［一九八一］

37 今日よりは明日、明日よりは明後日

毎日、今日よりは明日、明日よりは明後日と必ず変える。その改良改善が五年も経つと、恐ろしいほどの変化になる。一年三百六十五日経てばものすごい変化になる。三年も四年も経つと、それはもう素晴らしい〝創造〟が生まれているはずだ。

会社を発展させるために必要なことは、常に創造的な仕事をすることです。今日よりは明日、明日よりは明後日と、常に改良改善を続ける、創意工夫を重ねるということです。

皆さんは、京セラは優れた技術開発を次から次へとやって素晴らしい会社になっていったんだ、あの会社は技術を持っていていいなあとお考えではないでしょうか。そして自分の会社を顧みて、ウチには技術も何もない、そのために発展し

ない、しようがないと考えてはおられないでしょうか。そうではありません。そういうものをもともと持っている会社なんて一つもないんです。常に創造的な仕事をする、今日よりは明日、明日よりは明後日と常に改良改善をするというマインド、考え方を持っているかいないかで決まってくるんです。

例えば、ウチの会社は、工場の掃除を自分たちでするのですが、私は次のように言ってきました。「少しずつでもいい、もっと能率が上がる方法はないかを考えてください」

しかし、それだけでは一週間でアイデアが尽きてしまいますから、「毎日同じような掃き方をするんじゃなしに、今日はこう掃いてみたけれど、明日はこうやってみよう、明後日はこうしてみようと変えてください。三百六十五日、毎日やり方を変えるんですよ」と言う。そうすると、いろんなことを考え始めます。

例えば、この前、駅で機械か何かで掃除をしていたあれは何だろうと思い出す。そこで駅に行って、「この前、プラットホームを掃除していた機械は何ですか」と聞いてみたら、駅員さんが「あれは真空で掃除をする奴で……」と答えてくれた。次に「いくらくらいするんですか」と聞くと、「どこでも売っていて、安いですよ」と教えてくれる。すると、「今まで三人かかった掃除が一人でできるから、それを考えたらもっと安くなるだろう」と、違うやり方が見えてくる。

そんなに頭のよくない人でも、毎日、今日よりは明日、明日よりは明後日と必ず変える、改良改善をするんです。それが五年も経ったら恐ろしいほどの変化になります。これは掃除に限った話ではなく、技術も営業も経理も全部同じです。同じことを同じように三百六十五日してはなりません。常に創造的な仕事をするんだということを会社の方針として決めるんです。

今日と明日とではわずかしか変化がありません。ところが、三百六十五日経った向こうに行きますと、想像もつかないくらいの大きな変化になっています。改良改善も、大発明も、そんなものです。今日から明日では変化がないように見えますが、一年三百六十五日経てばものすごい変化になっていますし、それが三年も四年も経ちますと、もう素晴らしいものになっているんです。

自分に知恵がなくても、なんとかしようと思えば、大学に行って先生に話を聞くとか、専門家に話を聞くとか、次から次へと工夫をしていきます。常に創造的な仕事をしようというマインド、心がけがなければ、そういう行動にもならんわけです。「今日よりは明日、明日よりは明後日と必ず改良改善をするんだぞ」ということを方針にしていただきたいと思います。

京セラは今日、事業を多角的にやっていますが、もともとは私の専門だった無機化学、それも鉱物結晶という狭い範囲のセラミックスの事業をやっていただけです。しかし、全従業員でそれを今日よりは明日、明日よりは明後日と変えていきました。現在、光学から通信から、様々な分野の機器にまで技術開発が進んでいますが、もとはといえば、たったそれだけの技術からスタートしたのです。だからこそ、誰にでもできることなんです。初めから優秀な技術屋がいたり、優秀な技術集団がいたりすることなんてありえません。

会社を発展させていこうと思うなら、常に創造的な仕事をするというマインド、考え方を持ち、日々、創意工夫を重ねていくことが必要なのです。

［一九九五］

第8章　挑戦する

38 チャレンジ精神を持つ

チャレンジには、いかなる困難にも立ち向かう勇気、そしてどんな苦労をも厭わない忍耐と努力が必要なのだ。野蛮人にも似た貪欲さ、闘争心が必要なのだ。勇気にもとる人、忍耐力に乏しい人、努力を怠る人、そういう人は「チャレンジ」という言葉を軽々しく使ってはならない。

「チャレンジ」「挑戦」という言葉を我々はよく口にしますが、挑戦とは、文字通り「戦いを挑む」ということです。「何々にチャレンジしよう」と言うと格好よく聞こえます。しかし、それは格闘技にも似た闘争心を伴う戦いであることを意味します。チャレンジするためには、いかなる困難にも立ち向かう勇気、そして、どんな苦労をも厭わない忍耐と努力が必要なのです。逆にいえば、勇気にもとる人、忍耐力に乏しい人、努力を怠る人、そういう人に「チャレンジ」という言葉を軽々しく使ってもらっては困る、ということです。

軽々しく挑戦すれば、とんでもない大失敗を招いてしまいかねません。そこには常に裏づけ、あるいは前提が必要なのです。どんな障壁にぶち当たろうとも、それを乗り越えて努力を続けていくというタイプの人でない限り、チャレンジをしてはならないと私は思います。そのために、特にリーダーは勇気を持っていなければいけませんし、人一倍の忍耐力も要る、そして、誰よりも努力家でなければいけないということを肝に銘じてください。

今、チャレンジとは「戦い」みたいなものだと言いましたけれども、もう一つ、バーバリズムと表現することもできると思います。野性的で、少し野蛮なところがあるから挑戦をする。そういう意味では、文明人や教養人は、あまり挑戦しないものなのかもしれません。

文明の興亡を見ても、野蛮人が文明人を席巻した史実がいくつもあります。例えば、ローマ帝国が滅びたのは、一つに好戦的なゲルマン人が侵入してきたからだという説もありますし、かつては蒙古民族がヨーロッパまで国土を拡げていきました。文明人と野蛮人が対立した場合、文化レベルからいえば、知識の豊富な文明人が勝つだろうと思うものですが、実はそうではありません。より強い闘争心を持っているがために、野蛮人が勝つことが多いのです。

つまり、新しいことを成し遂げるには、「何があってもこれをやり遂げるのだ」という、野蛮人にも似た貪欲さ、闘争心が必要なのです。

［二〇〇二］

39 能力を未来進行形でとらえる

今できないものを、なんとしても成し遂げようとすることから しか、「画期的な成果は生まれない。自分の「能力を未来進 行形でとらえる」ことが、新しいことを成し遂げようとする 人に要求されるのだ。

自分の「能力を未来進行形でとらえる」ということはたいへん大事なことで、新しい事業をやろうというとき、大企業の場合でも、こういうことをしたいということで部下にチームをつくらせて考えさせますと、「そりゃ、無理です」という言葉がすぐ出てきます。「ウチにはこういう技術がありません。ああいう方法もありませんし、こういう物もありませんし」と、できない理由を言うのです。しかし、現在の自分の能力、現在の会社の力でできる、できないということを推し量るのは誰にでもできることであって、それだけでは事業は進歩しないわけです。

人間の能力は、未来永劫ずっと進歩していくものです。目標がはるかなところにある場合でも、今の自分の能力を、未来までずっと進行形で引っ張っていくと、そのターゲットまで伸びるわけです。例えば五年経ったらそこまで到達するのか、どうなのか。それを目標において、今の自分がここまでだとすると、そこから自分のグループ、会社がずっと成長していって進歩していくことを考えれば、二年後にできる、三年後にできるということが読めるようにならなければいけないのです。自分および自分のグループ、自分の会社の能力を未来進行形で発展的にとらえることが大切なのです。

これは京セラがまだ小さいときのことですが、大会社に私が注文を取りに行くわけですね。「セラミックスの研究開発をやっているので、そういうものをやらせてください」と言っても、通り一遍のものは同業者がすでにやっているからやらせてもらえない。信用もない地方の一介の中小企業ですから、そういう立場ですと、お客さんには「よそができないものをウチはできるのです。実力があります」と吹かなければしようがありません。すると、「よそができないものをできるのか」ということで、「こんなものできるか」と、見たこともやったこともないものを見せられる。

「これは何に使うのですか」と聞くと、「新しいこういうものを開発し、こういうものに使うのだけれども、今それがなくて困っている。ぜひ引き受けてくれ。半年後に要るんだが、できるか」と言われる。言った手前、今さら「できません」と言うわけにはいかないので、「できます」と言って、引き受けて帰ってくる。

引き受けてきても私が直接開発をしているわけではありませんから、部下にその開発をやってもらうことになるんです。けれども、部下にそれを言うと、びっくり仰天して「こんな難しいもの、できません」と。しかし、もうあとには引けません。部下にすれば、「おかしいのではないか。できもせんもの、やったこともないものを引き受けてきて、皆に『やれ』と言う。ウチでは嘘を言ってはいけない、公明正大、正直でなければならない、と謳っているではないか。それなのに、できもしないことを『できる』と嘘を言って帰ってくる」と思っている。

そのときに私は、「仏教ではこういうのは嘘とは言わないのだ。方便と言うのだ。方便とはどういうことかというと、今は嘘だけれども、約束した半年後に引き受けたものがつくれれば、それは嘘にはならない。このまま嘘にしてしまうのか、方便にするのか、それが問われているのだ」と言ったのです。

これが実は、「能力を未来進行形でとらえる」ということなのです。つまり、六カ月後というときに自分の能力がそこまで上がっているかどうか、ということを予見しなければならない。それにピシッと追っかけたようにミートしなければならないということです。そういう綱渡りみたいなことをよくやってきました。そうした未来進行形でとらえる、ということを実践に次ぐ実践の中でやってきましたので、ウチの会社では風土として残っているわけです。

新しいものをやる場合に、現在の能力で判断してはいけません。自分のグループ、会社、また自分も未来永劫に発展していくのだ、ということを信じてやっていかなければならないのです。

［一九八九］

㊵飛び石は打たない

チャレンジすることは大切だが、無謀なチャレンジはいけない。自分の得手でないものに次から次へと手を出さない。「飛び石を打つな」はチャレンジの前提条件である。

チャレンジすることの大切さとして思い出しますのは、第二電電（現ＫＤＤＩ）の設立です。第二電電は京セラの歴史の中で最大のチャレンジではなかったかと思います。

私はそれまで、「チャレンジすることはたいへん大事だ。我々が生き残っていくためにはチャレンジ精神を失ってはならない」ということを、事あるごとに社員に話し、自分にも言い聞かせていました。ただし、「そのチャレンジは無謀なものであってはならない」とも、私は常に自分に言い聞かせ、社員にもそのように話していました。「チャレンジする、挑戦することは勇ましくて、格好よく見えるけれども、無謀なチャレンジであってはならない。蛮勇ではなく、真の勇気を持ったチャレンジでなければ危険だ」と言ってきたのです。「新しいチャレンジをするには蛮勇であってはならない」と言っていたのには、理由がありました。それは自信があるかどうかということが大切だからです。私は、よくこういうふうに言っていました。

「私は技術屋で、セラミックスや化学の分野は相当勉強したつもりです。ですから、自分の得意技である化学の分野、さらには自分がやってきたファインセラミックスの研究開発に関連する方面であれば理解ができますし、見通しを立てることもでき、自信があります。けれども、自分が手がけたことのない分野は自信がないので手を出すことはしません」

私はあまり碁を打たないのですが、飛び石を打つと相手に切られてしまって、せっかく打ったこちらの石が全部無駄になってしまうことがあります。下手をして、相手の陣地に飛び込んで石を打てば全滅してしまう。ですから、できるだけ敵に切られないよう、つないで打っていかなければならない。最初に碁を習ったとき、友だちにそう教わりました。

新しいチャレンジをするときも、自分が自信のあるもの、自分が理解できるもので行えば、つまりつないで石を打っていけば、切られることはない。自分の目ができていれば、その延長線で打っていきさえすれば、大きな陣地はとれないかもしれないけれども、打った石を失うことはない。ところが、自分の目はできていても飛び石を打てば切られてしまって、十個も二十個も打った石が全部取られてしまう危険性が出てくる。飛び石は打つなということであり、自分の得意技に引き込まなければなりません。

柔道の場合でもよくいいますが、利き手で相手の襟でも袖口でもつかんで、組んだら得意技に引き込む。背負い投げが強いのであれば、遮二無二背負い投げに引っ張り込む。内股なら内股で、必ず相手を自分の得意技に引っ張り込む。柔道の試合を見ていましても、背負い投げがうまい人は遮二無二背負い投げに持っていこうとします。相手も背負い投げを喰らってはならんと思っていますから、防御します。「防御しているのに技がかかるのかな」と思っていると、三分、五分と戦っている間に見事に背負い投げがかかる。そういうケースをよく見ますが、必ず自分の得意技に相手を引き込む。

チャレンジしていく場合には、切られないように飛び石を打たない。自信のあるもの、つまりつないだ石しか打ってはならない。自分の得手でないことには手を出さないということです。

そういうことを私は言ってきましたし、実際、京セラの事業を多角化、発展させる中で飛び石は打ちませんでした。

ところが、第二電電をつくったことはまさに飛び石でした。第二電電は、京セラの事業とはまったく関係がない、技術のつながりも何もない電気通信事業です。「飛び石を打ってはならん。それは非常に危険だ」と自分で言ってきたわけですが、このときだけは自分の決めた掟を破り、当時の電電公社（ＮＴＴ）に対抗して第二電電というものにチャレンジしようと決意しました。それは他のファクターがあったからです。

今後迎えるであろう情報化社会にもかかわらず日本の電気通信料金が非常に高い。現在のようにインターネットの時代になり、本から何からあらゆるものが通信ネットワークの中で処理される情報化社会がくることはわかっていました。そのときに通信料金が高ければ、国民の生活はたいへんなことになってしまう。

もし、高止まりしたままの電話料金であれば、今の子供たちが使う通信量なら何十万円と払わなければならなかったはずです。膨大な情報をやりとりする時代になったとき、通信料金が安くなければ国民の生活は圧迫される。そうならないようにするためには、正常な競争の下で安い料金が確保されることが絶対条件になる。

正しい競争の中で正しく公平な価格が生まれる。これは自由経済の原則です。自由経済がなぜよいのかといいますと、自由競争の中では独占して暴利を貪る奴がいなくなる。みんなが切磋琢磨《せっさたくま》して競争しますから、適正な料金になっていく。これが自由競争の恩典です。そのために、どうしても当時国営で独占していた通信事業に競争を生み出し、正当な、正しい競争の下で、安価な料金が決められるような社会をつくらなければならないと、私は思っていました。

誰かがやってくれると期待していましたが、誰も手をあげません。当時の電電公社はたいへん強大な会社であっただけに、下手に立ち向かって喧嘩を売ると自分が潰されてしまうと思い、みんなが逡巡して手を出さなかったのです。その中で私は、京セラだけでも挑戦して、正しい競争の下、通信料金が安い社会にしていきたいと思って手をあげたわけです。やむにやまれず、社会のために、世のため人のためにという一点です。そうして私の人生訓の中でルール違反であった飛び石を打ったのです。その後、そういう大きな飛び石は打っていません。

チャレンジすることは大切ですが、無謀なチャレンジはしてはいかんと、私は今でも思っています。第二電電で成功したからといって、自分の得手でないものに次から次へと手を出すようなことはしていません。

なるべく飛び石は打たない。「飛び石を打つな」はチャレンジの前提条件になります。

[二〇〇七]

㊶「見えてくる」まで考える

うまくいく仕事というのは、最終ゴールまですべて見通しがきき、見えている状態でなければならない。始める前から自信めいたものが湧いており、「いつか来た道」というようなイメージが描けていなければ、事業というのは絶対に成功しない。

第二電電（現ＫＤＤＩ）を設立するにあたって、私自身、電気通信事業についてはまったく無知で、経験もないし、技術も持ち合わせていませんでした。ＮＴＴから京セラに入社してもらった幹部と、彼を慕って集まってくれた七、八名の技術者に、日曜日ごとに京都まで来てもらっては、設立に向けて「志士」の集まりを行なったものです。そこで我々は、「新しい会社をつくり、ＮＴＴにチャレンジするんだ」との意気に燃え、一生懸命、構想を練りました。

この事業はベンチャーであり、たいへんリスキーな仕事でした。京セラの幹部である皆さんに相談すれば、「そんなむちゃなことはやめなさい」と言われたであろうことは、火を見るより明らかです。日本中の経営者も皆、リスキーだといってやらなかったことです。

しかし、第二電電を始めて今日まで、私は不思議なことに不安を抱いたことは一度もないのです。

ちょうど第二電電の創設に名乗りをあげ、走り始めた直後、京セラたたきの火の手があがりました。連日、新聞、雑誌に書かれ、たいへんな誹謗《ひぼう》中傷を受けました。そのとき、第二電電の創設にあたり私を支援してくれた人たちの一部が離散しようとしました。また、私が集中砲火を浴びるので、「(稲盛が会長をやっている第二電電は)このままではうまくいかない」と、友人の若手財界人から「一時的に会長の職を代わろう」という提案がありました。

思い出しますが、そのとき、森山信吾社長(当時)がその若手財界人に対し、「それなら私は社長を辞めます。私は稲盛さんと一緒にやろうと決めたのであって、他の人と組んで仕事をする気はありません」と決然と言ってくれたのです。

　こうした厳しい状況にありながら、自分でも不思議なほど、第二電電を進めるにあたっての不安感はなかったのです。私が第二電電をやろうと思ったのは、「国民のために」というのが第一ですが、二十一世紀の事業として、情報通信事業への進出が京セラグループのために必要であり、特に若い人たちに夢と希望を与えるためにも、どうしてもこれをやるべきだ、と考えたからです。その踏ん切りをつけたのが、先ほどのＮＴＴ幹部との出会いであり、彼が若い技術者を連れてくるというときに、私は初めて進出を決意したのです。

　それ以来ずっと、一抹の不安も抱くことなく、森山社長を常に励まし続けました。そして昨年の九月、公衆回線に乗り出したとき、私は森山さんに次のような話をしました。

「第二電電は、このように進展していきます。そして、こういう時期に上場を果たします。また、借金をこのようにして返していき、こういう素晴らしい会社になっていくのです」と、公衆回線がスタートし、まだ右も左もわからないときに、上場までのスケジュールを彼に話したのです。

　また「日本のエリート官僚で民間企業に天下りし、大企業の社長になった人はいますが、あなたのように天下りではなく、こうした新しい事業を起こして、創業者社長になって、それを成功させていった例はいまだかつてないはずです。苦労は多いでしょうが、非常にやり甲斐のある仕事だし、たいへん名誉なことでもあります」という説明もして、ともすると先が見えず、不安になりがちな森山さんを励ましていきました。

事実、森山さんに話した通りの数字で、現在月々の売上を達成しています。もちろん今日まで、平坦な道ばかりを来たのではありません。一歩進めば壁にぶち当たり、その壁を一つひとつクリアしていくということの連続でした。特に問題だったのは、顧客を獲得しても、ＮＴＴの交換機が整備されていないために回線につなぐことができず、第二電電に加入しても、なかなか使えないということでした。その他、何かやれば、必ず次の困難が持ち上がるという状態でした。

展開の過程は当初描いた通りではなく、様々な変化があって、その都度、真剣に考えながら対処してきましたが、大切なことは、不安は一つもなかったということと、成功するということがイメージとして描かれていたということです。プロセスこそ違っても、皆さん方の仕事の中にも、同じようなことがあると思います。

事業を展開するにあたり、「こういうふうに進めていくのだ」というイメージが鮮明に湧くとすれば、それはもうほとんど成功したのと同じです。ところが、やることすべてがギクシャクし、新しい課題が現れてくるようなら、もう絶対にうまくいきません。うまくいく仕事というのは、最終ゴールまですべて見通しがきき、見えている状態でなければなりません。始める前から自信めいたものが湧いており、「いつか来た道」というようなイメージが描けていなければなりません。そこまでになっていなければ、事業というのは絶対に成功しないのです。

おそらく大半の人が、今自分のやっている仕事に対して、不安や疑念をいっぱい持っているはずです。それらを抱えたまま走っているはずです。しかし、これではうまくいくわけがありません。考えに考え続け、自分の頭の中で納得するような問題を解決し、不安が一点もないような状態にして、構想をまとめ上げておかなければなりません。

もちろん進めていく途中でも、いろんな事態が起こってきますから、その都度解決しながら、曇りが一点もない晴れ晴れとした心になっていなければ、絶対うまくいきません。特にトップに立っている人が、自部門の将来のイメージも湧いていないというようなことでは、素晴らしい経営ができるはずがありません。「君の会社はどうなるんだ」「君の事業本部はどうなるんだ」「君の事業部はどうなるんだ」と言われて、答えられない人に経営ができるわけがない。クリアに「いついつにこうなる。そのためには、こういうふうにするんだ」と、鮮明な映像となって湧いているぐらいでなければ、真の経営者にはなれないのです。

時間当り（京セラ独自の採算指標）にしましても、損益にしましても、人から聞かれて、うっとうしい顔をして、「いや、そうは言われるけれども」とか、「現実は難しいんです」とか、「円高になって採算が合わないのです」というようなことを少しでも言うだけで、もうダメです。そういう人に、明るい壮大な将来構想など描けるわけがありません。

まず、何といっても、素直な心で受けとめて、それを強固な意志でやり抜くことが大切です。

個性が強いということも、意志力が強いということと似ています。しかし、「我執」つまりとらわれた心、執着心は、意志力と似て非なるものです。意志力が強いということの本当の意味は、素直なのだが、どんな変動、困難があろうとも微動だにしないということです。これに反して、頑固というのは、執着心が強いことを表しているだけなのです。これは直さなければなりません。頑迷固陋《ころう》はダメです。素直に事実ありのままに受けとめなければなりません。

第二電電を進めていくときにも、私はイメージを描いていましたが、途中で状況が変われば、素直に受け入れました。現状を素直に分析し、そしてどう解決するかを考えるのです。素直で強い意志こそが成功する条件なのです。自分の中に最終ゴールまでの映像を描ける人は、たいへんな意志力を持っているといえるでしょう。

［一九八八］

42 必ず成功させる

強烈な意志、強烈な熱意、こうありたいという強烈な願望というものが伴ったときに、初めて物事というのは成就する。心の状態がどうあるか、そこに新しいことを成功させる重大な鍵が含まれている。

心が大事だと言っていますが、私が言っている心というのは、そんなに難しいことを言っているわけではありません。小さい頃から大きくなるまでの間に、両親をはじめとして周囲の人から教わってきた、「人間としていかに生くべきか」「人間として何が正しいか」という問いから導かれることです。

京都大学に田中美知太郎という、古代ギリシャ哲学の第一人者がおられますが、ある晩、京都の若い友人たちが集まって、田中先生に来ていただきまして、哲学の話を聞かせてもらったことがありました。

私は自分で哲学、哲学と言うわりに哲学のことを正式には勉強しておりませんで、お話をうけたまわっていたんですが、そのときに、「哲学と宗教の違いはどういうふうに理解すればよいか」と尋ねましたら、「それは究極の点では重なり合う、だいたい同じです。アプローチの仕方というものが、まったく違うということであって、宗教と哲学が求めている、究極の目的というのは同じだと理解してもよいと思います」というふうに言われました。そして、ディスカッションをしているうちに、次のような素晴らしいことをおっしゃいました。

「発明とか発見のプロセスというものは、哲学の領域に入ります。発明とか発見とかいうものが理論的に解明されたときには、サイエンス（科学）となります。つまり、分かり切ってしまったことを論理的に組み上げた状態というのはサイエンスですけれども、まだ分かっていないものを発明、発見していくという過程は、まさに哲学の領域です」と表現をされました。

つまり「新しいことを進めていこうとするのは、理屈ではない、サイエンスではないんです。新しいものを進めていくというのは、哲学の領域なんです」ということをおっしゃっています。

例えば、天動説が一般的な常識の中で、地動説を唱える。どのように動いているのかはまだ証明できていないが、天体が地球の周りを回っているのではなく、地球が、この大地が動いている。そう理解したほうがあらゆる現象を説明しやすいはずだという仮説を立てて主張すると、宗教的にも天動説が常識なわけですから、大地が動くということは神を冒瀆《ぼうとく》することになり、たいへんなまやかしとされてしまいます。殺されるということにもなりかねません。

新しいこと、発明、発見とか、クリエイティブなことをやるときには、マイノリティ（少数派）なんだということです。マジョリティ（多数派）というのは常識であり、独創というのはマイノリティなんです。このマイノリティは、あらゆる局面において迫害をされる側にあるんです。

独創は証明されて、初めて常識として採用されるといわれています。ですから、我々が持っている常識、理屈で理解ができるようなものというのは、すでに証明済みの通り一遍のことだということです。要するに人がやらない、人がやったことのないものというのは、理屈で割り切れない、理解しにくいものであり、それはまさに哲学の領域に入るものだろうと思います。

ですから新製品をつくりたい、新しいマーケットを開拓したいと言いながら、マーケティングの本やら、コンサルタントやら、いろんなものをあてにして仕事をしようとするところに、問題があり、矛盾があるんだと思います。

新しい領域で、そういうものから教えられるものはないはずなんです。それは哲学の領域なんです。哲学というのは、自分の心の中で処理しなければならないんです。

天が動いていると思うから天動説を唱え、大地が動いていると思うから地動説を唱える。それは自分がそう思うからそうなのであって、だから哲学であり、自分にしか基準がないのです。

そういう話をこの前うけたまわって、「なるほど」と思いました。私は哲学という専門の勉強はしていませんが、研究開発というものを通じて、新しいものをやっていく場合には、哲学が必要だということをかねてから思っていました。そのことを、哲学の専門の方に証明していただいたような気がして、非常に嬉しく思いました。

新しいこと、人がやらないことをやらなければ会社は伸びていきません。しかし、市場は存在しません。売れていないものをいかに売るか。売れていないものをただ並べてみたって売れないのですから、売れていないものを売るのは技術ではありません。まずは心なんです。凄まじいまでの意志、熱意が要るわけです。強烈な意志、強烈な熱意、こうありたいという強烈な願望というものが伴ったときに、初めて物事というのは成就するんだと思います。こうありたい、こうすべきだという意志は、皆さんの魂が伝えるものなんです。それは皆さんそのものが、人生をどうありたいと思っているかによって決まってきます。

この事業を、この新しい商品を扱って仕事をしようという場合に、それをどのくらいしたいと願っているのか。どんな困難があろうとそれをやろう、という強い意志は、皆さんそのものから出てくるわけです。

もしそれが魂というものであるなら、魂が直接ドライブするのが意志なんです。だから、たまたま人がやっているから取り扱ってみよう、人も研究しているから、自分も研究してみようということでは絶対に成功はありえません。

自分の仕事のために、自分の事業のために、従業員のために、なんとしてもこれはやらなければならない。そのことを自分の魂が決め、どんな困難があっても、自分をしてやらしめるだけの強い意志というものがなければなりません。そういう心の状態をつくっていけば、たいがいのことは成功するはずだと私は思っています。

私どもの研究所では、取り組んでいるテーマのうち、十の研究をしますと、十全部成功させることになっています。そんなことを言うと、大企業の社長さんは笑われるんです。「そんなバカなことがあるはずがない。十やって二つか三つ成功すればいいほうだ。それが普通なんであって、十やって十成功させるなんて、バカげたことを言う奴だ」などと思われますが、私は心の状態をつくっていけば、必ず十やって十成功するはずだと思っています。

また私どもの場合には、中小零細企業であったときに、十やって二つ、三つしか成功しないということでは会社を存続させることができませんでした。無い金を使い、無い人を使ってやるのですから、必ず成功させなければならなかったのです。

数少ない資源と人を使って成功させていくためには、人間が持つ最大の武器でありますす心、その状態をどうつくるかが大切だということを、私は学んできたつもりです。心の状態がどうあるか、そこに新しいことを成功させる重大な鍵が含まれているのではないかと思います。

〔一九八一〕

結び

43 リーダーが得るもの

経営者が自分の責任を超えて、身を挺して努力をしているために、多くの社員が将来に希望をつなげて生活をしていられる。そして経営者を信頼し、尊敬してくれている。そうした金銭では代えられない、人の喜びや感謝を受け、生きることこそが、どのような人生よりも素晴らしい人生であり、苦労に値する人生なのではないか。

激変する環境の中で経営をしていますと、経営というのは一瞬たりとも安心できる時間がないということをつくづく感じます。経営自体にミスがあったり、問題があったりすると、経営が悪化するのは当然です。また、よい経営状態を続けていても、経営の主体とはまったく無関係な経済変動、例えば円高というものが生じ、その結果、自らの経営がたいへんなインパクトを受けてしまいます。このような環境の激変といった要素を含めて会社を安定させていかなければならない、というのが経営です。つまり、社内体制を万全に備えていても、外部要因の円高によって大きな赤字を出すということになると、それで責任を問われることになります。「これで経営は大丈夫だ」「これで我が社の基礎はできた」ということが、一瞬たりとも考えられないのが経営なのです。

特に私どものように、経営の目的の第一に、「全従業員の物心両面の幸福」ということを謳っている会社にとっては、どんな環境にあろうとも従業員を守っていくことが最優先です。言い訳をしていたのでは責任は果たせません。こういう点で、経営とはたいへん厳しいものだということを昨今改めて強く感じています。

ここにお集まりの方々は、それぞれの分野において経営の衝《しよう》に当たっておられる方ですから、まさに同じようなことを感じておられると思います。

責任が重く、一瞬も気の休まることなく、日常気の遠くなるようなことを継続して行なって当たり前と言われる。経営者とはそのような存在です。このくらい厳しい立場というのは他にないのではないかと思います。多くの方々の将来の命運を担っているだけに、真面目に考えれば考えるほど、几帳面に考えれば考えるほど、経営者とは割に合わない仕事なのかもしれません。

そうした常にテンション（緊張）のかかった状態、常に気を張り詰めていなければいけない、厳しい生きざまに値する代償を経営者は得てはいません。しかし、経営者が毎日毎日自分の責任を超えて、ときには経済変動に対して身を挺して努力しているために、多くの社員が今日、また将来に希望をつなげて生活をしていられるのです。そして経営者を信頼し、尊敬してくれているはずです。つまり、生きていく中で「善きこと」をなしている、「善」をなしているということが、せめてもの救いであり、報いであろうと思います。

そうした金銭では代えられない、人の喜びや感謝を受けて生きることこそが、どのような人生よりも素晴らしい人生であり、苦労に値する人生なのではないかと私は思っているのです。

［一九八七］

結びの本稿(43項)は、1987年6月9日開催の京セラ第11回国際経営会議での講話によるもので、上掲画像はその講話時の述者。

［附記・出所一覧］

本書は、「稲盛ライブラリー」所蔵の稲盛和夫氏の講演・講話記録より、特に「リーダーシップ」に関するものを厳選し、抜粋・収録したものであり、見出し・要約等の新たな補足・修正を行なって、構成・編集したものである。各項の出所（年・月・日・会合等）は以下に明記する。なお、本文中の企業名・個人名等は出所通りに記したが、続けて丸括弧内に現在名を附記したものもある。

1◇一九九一年一月十八日　京セラ経営方針発表会
2◇一九八三年十月二十八日　九州経済同友会大会
3◇一九八四年二月六日　京セラヤシカ事業本部営業所長教育
4◇二〇〇六年二月　京セラ社内報『敬天愛人』巻頭言
5◇一九九三年八月二十五日　「盛和塾」仙台・山形合同塾長例会
6◇二〇一〇年九月八日　「盛和塾」第十八回全国大会
7◇二〇一三年四月二十四日　論談塾
8◇二〇〇八年七月十七日　「盛和塾」第十六回全国大会
9◇二〇〇八年七月十七日　「盛和塾」第十六回全国大会
10◇二〇〇八年十一月七日　「京セラ創立五十周年記念ビデオ」インタビュー
11◇一九八二年五月　京セラ社内報『敬天愛人』巻頭言
12◇二〇〇二年十一月二十八日　アタッカーズ・ビジネススクール
13◇一九九三年八月二十六日　「盛和塾」札幌塾長例会
14◇一九八三年八月二十四日　京セラＫＥＫ営業所責任者教育
15◇二〇〇八年七月八日　『京セラフィロソフィ手帳Ⅱ』ひもとき講演会
16◇一九九一年十二月　京セラ社内報『敬天愛人』巻頭言

17◇二〇〇七年九月十九日　「盛和塾」第十五回全国大会
18◇一九九二年四月六日　「盛和塾」神戸・播磨合同塾長例会
19◇二〇〇八年七月五日　京都鹿児島県人会総会
20◇二〇〇一年九月二十一日　大和証券「秋季グループ部店長会議」
21◇一九九一年三月二十九日　京セラ定期大卒新入社員入社式
22◇二〇〇八年一月　京セラ社内報『敬天愛人』巻頭言
23◇二〇〇八年一月　京セラ社内報『敬天愛人』巻頭言
24◇一九八四年九月二十一日　京セラ中堅幹部教育
25◇一九九二年四月三日　「盛和塾」滋賀・福井合同塾長例会
26◇一九九三年一月十三日　京セラ経営方針発表会
27◇二〇〇七年十月二十日　ＧＥＦグループ交流勉強会
28◇二〇〇八年四月九日　「盛和塾」全国世話人会
29◇二〇〇四年二月二十九日　「盛和塾」ＵＳＡ開塾式
30◇二〇〇五年九月八日　「盛和塾」関西地区合同塾長例会
31◇二〇〇八年十一月七日　「京セラ創立五十周年記念ビデオ」インタビュー
32◇一九八四年二月六日　京セラヤシカ事業本部営業所長教育

33◇一九八一年五月十四日　京セラ主事・技師昇格者教育
34◇一九九九年八月二日「盛和塾」九州地区合同塾長例会
35◇一九八九年十月二日「盛和塾」京都塾長例会
36◇一九八一年八月六日　神戸青年会議所「夏季経営セミナー」
37◇一九九五年七月二十日　京都商工会議所「経営講座トップセミナー」
38◇二〇〇一年八月三十日　京セラ第七回北米ＴＥＡＭセミナー
39◇一九八九年十二月十八日「盛和塾」京都塾長例会
40◇二〇〇七年十二月七日『京セラフィロソフィ手帳Ⅱ』ひもとき講演会
41◇一九八八年十二月十三日　京セラ第十四回国際経営会議
42◇一九八一年八月六日　神戸青年会議所「夏季経営セミナー」
43◇一九八七年六月九日　京セラ第十一回国際経営会議

［補録］

「経営12カ条」「六つの精進」

経営12カ条

第1条　事業の目的、意義を明確にする
―公明正大で大義名分のある高い目的を立てる―

第2条　具体的な目標を立てる
―立てた目標は常に社員と共有する―

第3条　強烈な願望を心に抱く
―潜在意識に透徹するほどの強く持続した願望を持つこと―

第4条　誰にも負けない努力をする
―地味な仕事を一歩一歩堅実に、弛まぬ努力を続ける―

第5条　売上を最大限に伸ばし、経費を最小限に抑える
―入るを量って、出ずるを制する。利益を追うのではない。利益は後からついてくる―

第6条　値決めは経営
―値決めはトップの仕事。お客様も喜び、自分も儲かるポイントは一点である―

第7条　経営は強い意志で決まる
―経営には岩をもうがつ強い意志が必要―

第8条　燃える闘魂
―経営にはいかなる格闘技にもまさる激しい闘争心が必要―

第9条　勇気をもって事に当たる
―卑怯な振る舞いがあってはならない―

第10条　常に創造的な仕事をする
―今日よりは明日、明日よりは明後日と、常に改良改善を絶え間なく続ける。創意工夫を重ねる―

第11条　思いやりの心で誠実に
―商いには相手がある。相手を含めて、ハッピーであること。皆が喜ぶこと―

第12条　常に明るく前向きに、
夢と希望を抱いて素直な心で

六つの精進

1. 誰にも負けない努力をする
2. 謙虚にして驕らず
3. 反省のある毎日を送る
4. 生きていることに感謝する
5. 善行、利他行を積む
6. 感性的な悩みをしない

＊「経営12カ条」「六つの精進」は、京セラ本社敷地内「稲盛ライブラリー」展示パネルでも確認できる。そのいずれにも、述者が本書の「序」で強調したように、「誰にも負けない努力」が含まれている。

本作品は、2019年2月にＰＨＰ研究所より刊行された。文庫化にさいし、編者である稲盛ライブラリーの協力を得て、加筆・修正を行なった。

述者紹介
稲盛和夫（いなもり　かずお）
1932年、鹿児島生まれ。鹿児島大学工学部卒業。59年、京都セラミック株式会社（現京セラ）を設立。社長、会長を経て、97年より名誉会長。また84年には第二電電（現KDDI）を設立、会長に就任。2001年より最高顧問。10年、日本航空会長に就任。15年より名誉顧問。一方、1984年には稲盛財団を設立すると同時に「京都賞」を創設。「盛和塾」の塾長として、経営者の育成に心血を注いだ。2022年、90歳で逝去。
主著に、『［新装版］心を高める、経営を伸ばす』（PHP研究所）、『生き方』（サンマーク出版）、『経営12カ条』（日経BP）などがある。
稲盛和夫オフィシャルホームページ
https://www.kyocera.co.jp/inamori/

編者紹介
稲盛ライブラリー（いなもりらいぶらりー）
2013年、京セラ創業者・稲盛和夫氏の人生哲学、経営哲学を継承する施設として開設。稲盛氏の資料を収蔵・管理するほか、社会からの要請に応え、各種情報発信を行う。また展示施設として、稲盛氏の人生・経営哲学をベースに、その足跡や様々な社会活動を紹介し、一般公開を行なっている。
稲盛ライブラリー
https://www.kyocera.co.jp/inamori/library/

PHP文庫 誰にも負けない努力
仕事を伸ばすリーダーシップ

2024年6月17日 第1版第1刷

述 者 稲盛和夫
編 者 稲盛ライブラリー
発行者 永田貴之
発行所 株式会社PHP研究所
東京本部 〒135-8137 江東区豊洲5-6-52
ビジネス・教養出版部 ☎03-3520-9617(編集)
普及部 ☎03-3520-9630(販売)
京都本部 〒601-8411 京都市南区西九条北ノ内町11
PHP INTERFACE https://www.php.co.jp/
組 版 有限会社エヴリ・シンク
印刷所
製本所 図書印刷株式会社

Printed in Japan ISBN978-4-569-90415-3